ПУТЕВОДИТЕЛЬ ДУХОВНОГО ПРОДВИЖЕНИЯ

М.САНИЛЕВИЧ   М.БРУШТЕЙН

НА ОСНОВЕ РАБОТ Д-РА М. ЛАЙТМАНА

М. Санилевич, М. Бруштейн
Путеводитель духовного продвижения.
Bnei Baruch-Kabbalah La'am 2024. – 218 стр.
Напечатано в Израиле.

M. Sanilevich, M. Brushtein
A Guide to Spiritual Advancement
Bnei Baruch-Kabbalah La'am 2024. – 218 pages.
Printed in Israel.

ISBN 978-965-7833-24-7

Во время изучения каббалы человек проходит особенные ни на что не похожие переживания. Кроме остроты и необычности, они несут с собой пласты очень личной и одновременно непонятной информации. Человек, изучающий каббалу недавно, зачастую теряется и не понимает, как правильно поступать.

В каббалистических источниках комментируются такие состояния, а также объясняется, что и как делать человеку в каждом отдельном случае. В этой книге собраны и систематизированы описания первых духовных состояний, а также даются подробные рекомендации каким образом на них реагировать.

QR code в конце каждой главы направит читателя к просмотру видеоматериала, дополняющего информацию текста книги.

© Bnei Baruch-Kabbalah La'am Association, 2024
4934826, HaRabash St 12, Petah Tikva, Israel.
All rights reserved.

ОГЛАВЛЕНИЕ

ПРЕДИСЛОВИЕ 12
ТВОРЕЦ И ТВОРЕНИЕ 16
Ощущение Творца 17
    Что такое Творец 17
    О материале творения 18
    Что значит «вкусите Творца» 20
    Органы восприятия Творца 21
    Что значит ощутить Творца 22
Он и Его имя едины 25
    Творец 25
    Он 26
    Покровы мира Бесконечности 26
    Тора и гмар тикун 27
    «Его Имя» 28
Важность духовного 29
    Материальное и духовное 29
    Как измерить чувства 29
    От важности материального к важности духовного .. 30
    Мы строим духовный мир 31
    Важность духовного × группу = Высший мир 32
Из действий Твоих познаю Тебя 33
    Творец — это не физический объект 33
    Закон подобия свойств 33
    Десятка — прибор для раскрытия Творца 34
    Групповое подобие 36

Скрытие Творца 37
    Двойное скрытие Творца................................37
    Одиночное (одинарное, простое) скрытие Творца .. 38
    Чередование состояний скрытия: двойное —
    одинарное — двойное — одинарное.................38
    Возвращение из двойного скрытия 39
Раскрытие Творца 40
    Раскрытие Творца в десятке........................40
    Это происходит внезапно............................40

ДУХОВНЫЕ СОСТОЯНИЯ..............................44

Путь Торы и путь страданий 45
Равнодушие 47
    Равнодушие — недостаток величия Творца 47
Трепет и страх 49
    Трепет 49
    Страх 49
    Страх как движущая сила 50
    Разница между трепетом и страхом 51
Клипот (кожура)..52
    Клипот сохраняют плод 52
    Клипот создают ощущение времени................53
    Клипат Нога..53
    Клипат Мицраим...54
    Исправить клипот и уберечься от них можно
    с помощью группы..54
Равенство..56
    Существует или нет равенство 56
    Каким должно быть равенство........................56
    Равенство в каббалистической группе 57
Свобода 59
    Свобода или рабство 59
    Где прячется свобода.....................................59

- Свобода — это ограничения ... 60
- В нашем мире свободы нет ... 61
- Как вырваться на свободу ... 62

Стыд ... 64
- Истоки стыда ... 64
- Стыд аннулирует эгоизм ... 64
- Стыд порождает намерение ... 65

Грех ... 67
- Грех — отклонение от цели ... 67
- Грех — молитва за себя ... 67
- Грех — отключение мыслей от Творца ... 68
- Грех — использование своего эгоизма во вред другим ... 68
- Грех — брать больше необходимого ... 69
- Грех отдаляет от Творца ... 70

Зависть ... 71
- Истоки зависти ... 71
- Белая и черная зависть ... 71
- Как развить положительную зависть ... 72
- Группа как природный усилитель зависти ... 73

Злословие (сплетни) ... 75
- Злословие направлено против Творца ... 75
- У злословия нет границ ... 75
- Злословие в группе ... 77

Ненависть ... 79
- Ненависть и ее виды ... 79
- От ненависти к любви ... 80
- Как работать с ненавистью ... 80
- Как преодолеть ненависть ... 81
- Беспричинная ненависть — «еврейское изобретение» ... 82

Осознание зла ... 84
- Что значит «осознание зла» ... 84

Осознание зла — обязательное состояние 85
Зло — это я 85
Исправив себя, мы исправляем мир 86
Стать сильнее в 620 раз 87
Переход махсома 88
Что такое махсом 88
Как переходят махсом 88
Сколько времени занимает переход махсома 89
Что находится за махсомом 90
Духовное рождение 91
Как происходит духовное рождение 91
Чтобы родиться, нужно объединиться 92
Радость 94
Что такое радость 94
От чего радуется каббалист 94
Радость в десятке 95
Любовь 97
Что мы знаем о любви 97
Что такое любовь 98
Абсолютная любовь 98

ПРИНЦИПЫ ДУХОВНОЙ РАБОТЫ 102

Этапы слияния с Творцом 103
Общение с Творцом 103
Вернуть все Творцу 104
Как раскрыть Творца 106
Творец раскрывается в группе 107
Намерение 108
Тора 111
Что написано в Торе 111
Почему была написана Тора 113
Как действует свет Торы 116
Заповеди 118

Цель Торы и заповедей	118
Десять заповедей	119
Первая заповедь	120
Вторая заповедь	120
Третья заповедь	121
Четвертая заповедь	123
Пятая заповедь	124
Шестая заповедь	125
Седьмая заповедь	125
Восьмая заповедь	126
Девятая заповедь	126
Десятая заповедь	126
Две заповеди: получение и отдача	128
От заповедей — к поручительству	129
Взаимное поручительство	130
От взаимного поручительства — к Торе	130
Взаимное поручительство для всего мира	132
Десятка	134
Подъемы и падения	135
Этапы духовного роста	135
Падения и подъемы после махсома	136
Уровни подъемов	138
Продолжительность падений	138
Вера выше знания	140
Вера	140
Как прийти к вере выше знания	141
Молитва	144
Молитва — это жгучее желание	144
Молитва — просьба о невозможном	146
Молитва за всех	147
Молчание	149
Молчание в субботу	149
Молчание — разговор сердец	150

    Исправление не происходит с помощью слов .. 151
    Когда говорить, а когда молчать 152
    Молчать, чтобы услышать Творца 153
Нет насилия в духовном 156
    В духовном продвижении насилие невозможно .. 156
    Весы добра и зла 157
Привычка — вторая натура 160
    Привычка формирует новые свойства 160
    Привычки можно поменять 161
    Окружение формирует привычки 163
    Общество форматирует человека 164
Работа с помехами 167
    Помехи — язык Творца 167
    Как правильно реагировать на помехи 168
    На ложном пути нет проблем 169
    Победа над помехами — в объединении 171
    В каббале нет золотой середины 172
    Что такое духовное равновесие 173
Разногласия 175
    Для чего нужны разногласия 175
    Противоположные мнения дополняют друг друга 176
    Разногласия должны сохраниться 178
    Важно найти истину 179
    Главное — это мнение Творца 180
Каббалистическая трапеза 182
    Внутренний смысл трапезы 182
    Пища как высший свет 183
    Благословения до и после еды 184
    Субботние трапезы 186
    Молчание на трапезах 187
    Кошерная и некошерная пища 188
    Хлеб 189
    Трапезы в Храме 190

Что значит Египет 193
   Как попадают в Египет 193
   Египет — мир эгоизма 194
   Выход из Египта 196

СЕМИНАРЫ 200

Пять правил круглого стола 201
   Равенство 201
   Одна тема 202
   Участие каждого 202
   Слушать и слышать всех 203
   Споры и критика 203
Еще пять правил круглого стола 205
   Без диалогов.. 205
   Естественные реакции 206
   Лозунги и цитаты 206
   Коллективное решение 207
   Гармония 208

ЗАКЛЮЧЕНИЕ.. 210

Дополнительная информация............................ 214

ПРЕДИСЛОВИЕ

Эта книга — плод почти трех десятилетий учебы, работы и преподавания авторов в Международной академии каббалы. Каббалистические источники, а также теория и практика, освоенные под управлением каббалиста, д-ра М. Лайтмана, позволили написать эту книгу.

«Путеводитель духовного продвижения» состоит из трех основных разделов: «Творец и Творение», «Духовные состояния», и «Принципы духовной работы».

Первая часть подробно объясняет, что стоит за этими высокими понятиями. Человека, не знакомого с каббалой, ждет большой сюрприз, поскольку каббалистический смысл понятий «Творец» и «Творение» кардинально отличаются от общепринятых.

Во второй части «Духовные состояния», как и следует из названия, разбираются те многочисленные и одновременно удивительные переживания, с которыми сталкивается человек при изучении каббалы. Впервые эти разнообразные и часто полярные состояния так детально проанализированы и систематизированы.

О том, как относиться к тем состояниям, которые проходит человек, и какие практические шаги предпринимать в каждом отдельном случае, подробно разбирается в третьей части книги «Принципы духовной работы».

Дополнительная, четвертая часть «Семинары» поясняет принципы практического упражнения «Круг», которое выполняется в группе.

Эта книга, а по сути, учебник, может стать хорошим подспорьем для людей, делающих свои первые шаги по пути к духовным вершинам.

ТВОРЕЦ И ТВОРЕНИЕ

Ощущение Творца

Что такое Творец

Во всей реальности присутствуют лишь два фундаментальных элемента: Творец и Творение, Высшее и Низшее. В каббалистических текстах используется разнообразное множество терминов и выражений, которые подчеркивают взаимодействия между этими двумя факторами.

Под Творцом мы понимаем Высшую силу природы. Для определения понятия «Творец» существует много определений и эпитетов. Часто слово «Творец» заменяют на Его главное свойство, которое на иврите называется «ашпаа». На русский язык оно переводится словом «отдача». Вместе с тем на иврите это слово несет более сложную смысловую нагрузку[1], и это надо учитывать для лучшего понимания.

На начальных этапах духовного пути нам эти понятия ничего не говорят и не объясняют. Поэтому мы вынуждены прибегать к постоянному уточнению и сравнению. Вместе с этим не будем забывать, что ни одно слово, как бы красочно оно ни звучало, не в силах заменить даже самое незначительное личное переживание. Точных

---

[1] Ашпаа: возможность изменить, подтолкнуть к действию; влияние, воздействие.

аналогов ощущению Творца в нашем материальном[2] мире нет и быть не может.

Никакой самый сочный, яркий, насыщенный рассказ о вкусе не может не только заменить, но даже хоть как-то приблизить к ощущению, которое возникает от кусочка шоколада или другого удовольствия. Пока нет подходящего аналога, у нас нет никакой возможности передать другому человеку те ощущения, которые мы испытываем от того или иного наслаждения.

Творца также именуют «Борэ», что в буквальном переводе означает «приди и увидь». Это выражает идею того, что, изменяя себя («Бо»), мы способны ощутить Его («рэ»).

Изучение каббалы открывает путь к приобретению свойства отдачи (ашпаа). С развитием этого свойства мы начинаем ощущать Творца. У человека появляются новые инструменты познания, которые называются «келим». Слово «келим» — это множественное число от слова «кли». Термин «келим» на иврите включает в себя два аспекта: инструмент и сосуд, что подчеркивает их важность в процессе духовного развития.

О материале творения

Мы созданы из материала, который называется «желание получать», а точнее — «желание насладиться». Следовательно, чтобы выполнить любое действие, будь то физическое или умственное, нам нужна энергия, которая проявляется в форме удовольствия. По сути, в нашем мире ничто не движется

---

[2] В каббале слово «материальный» означает «эгоистический».

без эгоистической мотивации. Это довольно очевидно. Мы стремимся к удовольствиям и наслаждениям, и это двигает нами в различных сферах жизни. Однако мы также осознаем, что наслаждения обычно бывают кратковременными, а цена, которую мы платим за многие из них, может оказаться непомерно высокой.

Осознанно или не осознанно, мы все оцениваем в своем «желании насладиться» и на основании этой оценки мы вкладываем усилия.

Для достижения успеха в нашем мире важно иметь ясную систему ценностей. Мы передаем эту систему ценностей своим детям, учим их, к чему следует стремиться, и что лучше избегать, чтобы не нанести себе вред.

Мы не обладаем мотивацией для духовного развития, так как духовный мир основан на желании отдавать, в то время как наше естественное желание — получать. Из-за этого мы не можем ощутить духовный мир.

Духовная отдача проходит сквозь нас словно невидимое излучение, которое мы никак не ощущаем. Так же, как животные не воспринимают человеческие идеалы, так и мы не замечаем бесконечные духовные миры и те невероятные события, которые там происходят. Главная наша проблема в том, что мы не видим, точнее не постигаем того, кто управляет всем и нами, то есть Творца.

Для того чтобы Его ощутить, нам нужно начать ценить «свойство отдачи». Для этого нам необходимы: книги, учитель и товарищи. С их помощью мы можем поднять важность этого несвойственного нам качества.

Мы созданы таким образом, что то, что важно окружающим, становится важным и для нас. Если все, что окружает нас, транслирует важность свойства отдачи, и если мы стремимся воспринять эту важность, то со временем это новое, изначально не присущее нам свойство может стать нашим собственным.

Усилия, которые мы прилагаем для получения свойства отдачи, вызывают высший свет, который и меняет наше исконное «желание получать» на антиэгоистическое свойство Творца — «желание отдавать».

Что значит «вкусите Творца»

Вкус — это наш основной орган чувств, который предоставляет нам самые разнообразные и даже противоположные формы наслаждения. Это особенно заметно на примере маленьких детей, которые демонстрируют, насколько важную роль играет вкус. Дети всегда стремятся попробовать на вкус любую вещь или предмет, будь то съедобное или нет. Не случайно говорится в каббале: «Попробуйте и увидите, как добр Творец» («Тааму ве рэу ки тов а-Шем»).

В духовном постижении Творца участвуют все пять органов чувств, и каждый из них имеет очень широкий диапазон восприятия, однако вкус остается основным среди них. Вкус Творца — это вкус, который возникает при наполнении высшим светом, при ощущении свойства отдачи и любви.

Кроме того, имеется в виду работа с экраном[3], потому что духовный экран стоит в пэ дэ-Рош[4]. Свет, который входит через пэ дэ-Рош внутрь гуф (тело), называется «таамим» (вкусы). В этом случае «вкусите» означает принять в этот сенсор высший свет. Затем в мере силы экрана, то есть в мере настройки этого органа чувств, вы вкусите, получите внутрь себя ор пними (внутренний свет). Этот свет и дает нам постижение Творца.

Экран (масах), словно клапан, регулирует желание насладиться для того, чтобы присоединить его к намерению отдачи. Этот процесс работы с экраном продолжается до гмар тикун (окончательное исправление).

Органы восприятия Творца

Мы изучаем, исследуем мир, в том числе и себя, с помощью пяти органов чувств: зрение, слух, обоняние, вкус и осязание. Однако практика показывает, что этого совершенно недостаточно.

Мы осознаем, что ограничены в постижении мира и самих себя, а потому постоянно ошибаемся. Наши ошибки стоят очень дорого, поскольку приводят к многочисленным страданиям.

Для того чтобы преодолеть эту проблему, мы развиваем науки, методы и приборы, способные расширить диапазон нашего восприятия. Несмотря на это, кардинального решения не существует в принципе,

---

[3] Экран *(иврит. — масах)* — сила сопротивления эгоизму (желанию получить ради себя).

[4] «Пэ дэ-рош» — дословно «во рту головы» — часть, в которой происходит взаимодействие высшего света с экраном.

поскольку в конечном итоге вся поступающая к нам информация улавливается и расшифровывается теми же пятью органами чувств.

Чтобы ощущать духовный мир, нам нужен новый, абсолютно неведомый нам сегодня инструмент ощущения. Сегодняшние органы чувств должны радикальным образом измениться, поскольку они должны вступить в двустороннюю взаимосвязь с Высшим миром, где уровень поступающей информации в миллиарды раз выше, чем сегодня. Это достигается благодаря тому, что мы начинаем ощущать не своими, а как бы миллионами чужих органов чувств.

После замены намерения «получать ради себя» на намерение «получать ради других» мы разрываем наш эгоистический кокон и раскрываем Высший мир. Такое намерение называется «ле шма».

С Высшим миром мы активно взаимодействуем и даже играем. Это и называется духовной жизнью.

Что значит ощутить Творца

Ощутить Творца — означает вступить в некий диалог с высшей силой, которая управляет всем, что находится в нашем ощущении: вселенной, звездами, нашей планетой, человечеством...

Человек начинает целенаправленно воздействовать на эту высшую силу, а она на него. В результате этого контакта человек развивается, постигает высшую силу, становится равным ей по знаниям, пониманию, по воздействию. Его жизнь меняется кардинально к лучшему, и в этом заключается цель его развития.

Это аналогично научному подходу в постижении мира. Научные исследования направлены на то, чтобы лучше понять мир и себя и в конечном итоге улучшить нашу жизнь.

Разница между этим видами познания заключается в нашем отношении к реальности. Наукой движет эгоистический, потребительский подход к жизни в соответствии с нашей сегодняшней природой. Высший мир находится в другой реальности — альтруистической, поэтому нам с нашими эгоистическими намерениями доступа туда нет. Чтобы использовать высшие силы и свойства, нам необходимо этим силам и свойствам соответствовать, то есть стать альтруистами.

Альтруистический (духовный) подход к жизни не имеет ничего общего с тем альтруизмом, с которым мы знакомы. Известный нам сегодня альтруизм базируется на эгоистической подложке, поэтому такие альтруисты готовы на все, чтобы заставить других принять их псевдо-альтруистические идеи.

Настоящий альтруист не может думать о личном благе в принципе, а лишь о благе других. Только с такими свойствами можно познать Высший мир.

В Высшем мире человек выходит за рамки времени, пространства, передвижения и может управлять своей судьбой. Он познает высшую гармонию и получает доступ к высшим наслаждениям.

В каббалистических источниках говорится, что все наслаждения всех людей за всю историю человечества не могут сравниться даже с одним условным граммом настоящего духовного наслаждения.

Почему духовное наслаждение отличается такой невероятной мощью? Суть в том, что **духовное наслаждение возникает на грани двух противоположных состояний**. В нашем материальном мире два противоположных состояния приводят к внутреннему неразрешимому конфликту, после чего приходят безысходность и отчаяние. В духовном мире именно из крайних, противоположных состояний возникает новый уровень решения, который и создает дополнительный объем Высшего мира.

ВИДЕОРОЛИК НА ЭТУ ТЕМУ

Он и Его имя едины

Творец

Он — это Творец, Его Имя — Его проявление во всех творениях. Все, что мы ощущаем, является лишь проявлением в нас Творца.

Сам по себе Творец скрыт. Его можно обнаружить лишь с помощью определенного инструмента — совокупности людей, объединенных в общем стремлении к отдаче, в общей любви и доброжелательной взаимосвязи.

В результате такой связи генерируется особое поле, которое называется «Поле, благословленное Творцом» («Саде ашер бирху а-Шем»). В этом поле, какими бы отрицательными и противоположными изначально ни были наши свойства, проявляется Творец в виде любви и отдачи.

Обобщенное имя Творца — Борэ. Все остальные имена — это частные случаи Его имени. Например «Кадош Барух Ху»[5] — так называется парцуф[6] зэир анпин[7] в мире Ацилут. Это особое, специальное, ограниченное проявление высшей силы, которая называется Творец.

---

[5] Благословенно Его Имя.

[6] Парцуф *(мн. ч. парцуфим)* — духовный объект, состоящий из головы (принимающая часть), тела (получающая часть) и конечностей (частей, которые создают ограничение, окончание получения света).

Он

У каббалистов существует выражение: «Он и имя Его — едины» («Ху ве шмо эхад»). Это означает, что Творец проявляется в Своем имени.

«Свет» в мире Бесконечности[8] называется «Он», а «желание получить» в Бесконечности называется «имя Его». Они оба находятся в состоянии простого единства, когда нет ни малейшего разделения между ними.

Числовое значение (гематрия) слова «Шмо» (имя Его) равняется гематрии слова «рацон» (желание).

Он — это Творец. Четырехбуквенное имя Творца, «юд-кей-вав-кей», — это модель нашего желания.

Имя Его — это состояние, когда множество людей (десять и более) могут так соединиться, скоординироваться, сочетаться между собой, что будут представлять одно единое целое относительно отдачи и поддержки друг другу.

В таком едином поле и проявится общая сила этого поля, называемая «Творец».

В первоисточниках написано: «Все мироздание — это проявление имен Творца». То есть Творец во всех своих проявлениях относительно нас представляется нам как природа.

Покровы мира Бесконечности

Для того чтобы приблизиться к миру Бесконечности, нам необходимо менять в соответствии

---

[7] Зэир анпин — одно из свойств, которое принял на себя Творец относительно творений.

[8] Мир Бесконечности — олам Эйн Соф *(ивр.)*.

со свойствами этого мира наш взгляд на себя, на окружающих, на тот мир в котором мы находимся. Об этом говорится: «Он и имя Его едины».

По мере возможности мы выясняем, кто такой «Он», что такое «Его имя» и как, какими деталями восприятия спаять их в одно целое. Так мы продвигаемся по ступеням лестницы духовных миров назад в мир Бесконечности.

Эти миры находятся не снаружи, а внутри нас. Они нужны, чтобы мы сами, постепенно, собственными усилиями их раскрывали.

Мир, ощущаемый нами как окружающий, представлен таким образом, чтобы дать нам возможность быть активными участниками процесса развития.

Нам нужно научиться правильно использовать все аспекты и составляющие этого мира. Если этого не происходит, тогда, в зависимости от уровня его развития, мир начинает испытывать разнообразные давления: кризисы, конфликты, трудности и разного рода бедствия. Под давлением этих тисков наш мир форматируется в соответствии с миром Бесконечности.

Свет пребывает в абсолютном покое. Желания человека, его внутренние и внешние сосуды, создают окружающую реальность.

Тора и гмар тикун

Текст Торы, по сути, рассказывает о том, как важно обращать внимание на чувства и отношения между людьми. В этих взаимоотношениях, будь то дружба, любовь или даже обычное общение, скрывается нечто большее, что-то, что связано с Творцом. Это означает, что когда мы строим отношения с другими людьми, когда мы проявляем доброту, понимание и уважение, мы можем ощутить близость к Творцу.

В будущем, в конечной стадии развития (гмар тикун), люди смогут полностью понять и принять все то хорошее, что Творец для них приготовил. В этот момент Творец и Его имя станут едиными.

«Его Имя»

«Его Имя» представляет собой особое состояние, когда десять и более людей могут объединиться таким образом, что становятся единым целым, образуя поле взаимной отдачи и поддержки. В этом объединенном поле проявляется общая сила, которая называется Творцом.

Каждый раз, когда мы устанавливаем новую связь между собой, Творец проявляется, и мы даем Ему имя. Поэтому говорится, что у Творца много имен, и весь мир представляет собой проявления Творца, Его различные характеристики.

«Его Имя» — это состояние, в котором мы начинаем понимать и ощущать Творца так же, как мы понимаем и ощущаем человека, когда обращаемся к нему по имени.

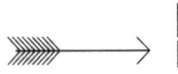
ВИДЕОРОЛИК НА ЭТУ ТЕМУ

Важность духовного

Материальное и духовное

Каббалистическая методика не предполагает пренебрежительного отношения к нашему материальному миру. Суть методики заключается в повышении важности духовных ценностей без отрыва от обычной жизни. Мы работаем в двух параллельных плоскостях. С одной стороны, семья, работа, досуг и др., а с другой стороны — прикладываем усилия, чтобы поместить все это под поднятые над нашей головой, словно зонтик, духовные ценности.

Такая пропорция усилий в этих двух разных измерениях способствует максимальному духовному росту и нормальной сбалансированной материальной жизни.

Как измерить чувства

Мы привыкли, что в нашем мире желания, наполнения, а точнее, их носители измеряются в понятных нам мерах измерения: метры, килограммы, секунды и др.

В духовном пространстве эти меры измерения бесполезны, поскольку объект измерения не имеет привычных нам физических форм. В Высшем мире мы измеряем совсем другое — чувства. На чаши духовных весов мы укладываем наше отношение к другому. Условный грамм моего отношения к чему-то важному в моих глазах может заполнить всю Вселенную, поэтому наши измерения в духовном мире полностью субъективны.

При изучении каббалы не следует стремиться к накоплению новых знаний для увеличения интеллекта. Главное — изменить свои чувства и расширить свое сердце. Сердце учится воспринимать явления, которые в данный момент находятся за пределами наших чувств и разума.

От важности материального к важности духовного

Не секрет, что мы находимся под давлением рекламы, которая влияет на наше мировоззрение, наши приоритеты, наш выбор. Часто вещи, навязанные нам рекламой, не несут в себе никакой ценности, кроме искусственно раздутого социального престижа.

Реклама — это не только и не столько СМИ, это все то, о чем думает, чем живет, чем руководствуется окружающее нас общество. Мы не замечаем, что наши взгляды давно откалиброваны, сконфигурированы, сформированы окружающей нас средой.

Все это не случайно. Это сделано Творцом преднамеренно, чтобы мы поняли, насколько мы зависим от окружения и как можем использовать эту зависимость для повышения важности чего угодно. Окружение и есть то средство, которое дано человеку, чтобы осознанно поднять важность того, что недоступно сегодня, то есть духовного мира.

Мы строим духовный мир

Чтобы оторваться от эгоизма и ощутить духовный мир, нам необходимо поднять в наших глазах важность духовных, альтруистических ценностей, за которыми стоит лишь один объект — Творец. По сути, в этом и заключается основная наша работа. Важность Творца — дающего нам наслаждения, должна цениться нами намного больше, чем сами наслаждения. В таком случае мы переходим из наших ограниченных рамками материального мира ощущений к ощущению безграничного Высшего мира.

Я раскрываю Творца в свете важности. Важность — это словно сокращение, экран и отраженный свет. Поэтому эта картина не исчезает, а остается постоянной, и я могу к ней добавлять и добавлять, поскольку ее создал я.

Мы не входим в Высший мир, а строим его из собственного желания насладиться, с помощью сокращения, экрана и отраженного света. Он не существует в готовом виде. Все предпосылки, чтобы мы его создали, уже подготовлены.

Все происходящее — словно фильм, прокручиваемый Творцом. Сквозь этот фильм я хочу видеть Его и быть с Ним на постоянной связи. Так мы вступаем в работу под руководством высшей силы.

Важность духовного × группу = Высший мир

Как осознать важность того, чего я не вижу? То, с чем меня не связывает ни одна самая тонкая нить? Каббалисты отвечают на этот вопрос просто и однозначно — нужна группа единомышленников. С помощью товарищей мы строим духовный сосуд — кли. Это непростая работа, которая требует постоянных усилий.

Товарищи (десятка) поднимают важность Творца, духовных ценностей, и человек в свою очередь старается поднять эти ценности в глазах своих товарищей. Так человек и десятка, начиная практически с нуля, собственными усилиями, по своему свободному выбору призывают на помощь Творца, чтобы он помог им ощутить Высший мир.

ВИДЕОРОЛИК НА ЭТУ ТЕМУ

Из действий Твоих познаю Тебя

Творец — это не физический объект

Многие хотели бы раскрыть Творца. Однако каббалисты объясняют, что это невозможно до тех пор, пока мы эгоисты. Это не прихоть и не некий искусственно созданный барьер. Человек не понимает, не может или не хочет понять, что Творец — это не некий физический объект, который прячется от нас в каком-то месте. Творец нигде не прячется. Он абсолютно обратен нам по свойствам, и потому мы его не ощущаем. Абсолютная любовь и отдача Творца не сочетаются с эгоизмом человека.

Закон подобия свойств

Познание Творца происходит в соответствии с законом подобия свойств. Закон подобия свойств — главный закон всех миров, включая наш мир. Речь идет о восприятии реальности в целом. Яркий пример — радиоприемник. Настройка на радиоволну радиостанции происходит с помощью создания подобной волны внутри приемника.

Для того чтобы ощутить Творца, нам нужно изменить себя и стать в чем-то подобными Ему.

Творец — это любовь и отдача, поэтому мы должны каким-то образом смоделировать в нас такие же свойства. Для этой цели нам необходима каббалистическая группа людей, желающих это осуществить.

Десятка — прибор для раскрытия Творца

Каббалистическая группа — это не просто собрание людей. В группе идет особая работа по настройке желаний и мыслей на одну общую волну. Эта волна должна стать тем прибором, который при правильной настройке начнет улавливать ту альтруистическую волну любви, которую генерирует Творец.

Настройка заключается в создании общего желания изменить свои врожденные эгоистические свойства на альтруистические свойства Творца. Лишь став подобным по свойствам Творцу, можно ощутить Высший мир.

«Десятка» — это внутренняя структура всей реальности, всех миров. Четыре стадии прямого света АВАЯ[9] развились до десяти сфирот малхут мира Бесконечности. Это мини-модель всего творения, включающая все. Поэтому если мы в групповой десятке умножаем величие Творца, по сути, мы работаем над исправлением всего мироздания.

Величие Творца — это тот ключ, который поворачивается и делает из нас Адама[10]. Включаясь

---

[9] АВАЯ *(то же «юд-хей-вав-хей»)* — четырехбуквенное имя Творца. Отражает четыре стадии построения в нас ощущения Творца.

в десятку, я, как пуповиной, соединяюсь с общей душой Адама Ришон, в которой раскрывается Творец.

Тело Адама Ришон состоит из множества клеток-десяток. Соединить все клетки в общую систему Адам Ришон — в этом наше исправление, и в этом заключается цель Творения.

Работа в группе влияет на все человечество. Не существует принципиальной разницы между маленькой группой-десяткой и человечеством. Когда мы своими действиями в группе пробуждаем высшую силу, мы влияем на весь мир. В этом особенность интегральной системы — каждая десятка содержит все части мира. Десятка, по сути, — это канал, передающий всем раскрытие Творца.

Десятка — это духовный сосуд Творца. Центр десятки — сфира есод, через которую Творец проявляется относительно меня.

Без десятки я не существую. Группа (десятка) — мой единственный капитал. Все, что мы собираем в нее, — это навечно наше, ведь там раскрывается Творец.

Десятка защищает человека, находящегося внутри нее. Поэтому 10 сфирот называются в каббале «блима» — торможение, остановка, буфер.

Работа разделяется на два этапа: работа относительно товарищей и относительно Творца (места).

---

10 Адам — слово несет несколько смысловых значений. Означает «буду подобным Высшему» («эдомэ ле Элион»); Адам Ришон *(ивр. — первый человек)* — первый человек, который получил желание к познанию Высшего мира, автор книги «Разиель Малах» («Тайный ангел»); Единая душа, состоящая из частных душ.

«Место» — это десятка. В мере соединения со всеми товарищами я смогу соединиться с «местом». Нет Творца без «места» нашего соединения, нет света без сосуда.

Пусть я не способен воспринять духовное ни сердцем, ни разумом, но у меня есть щит — моя десятка. Я хватаюсь за десятку и держусь за нее, как младенец, который хватается и держится за мать. Если не держаться за группу, тогда нас ждет падение и жизнь обычного обывателя.

Групповое подобие

В каббалистической группе могут быть люди с разным цветом кожи, высокие, низкие, толстые и худые. Не имеют значения также характер и темперамент человека. Наоборот, чем больше разнообразия, тем лучше условия для эффективной работы.

Подобие свойств в группе не измеряется материальными стандартами нашего мира. Главный показатель — это одно общее намерение изменить природные эгоистические свойства на альтруистические, чтобы уподобиться Творцу.

ВИДЕОРОЛИК НА ЭТУ ТЕМУ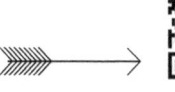

Скрытие Творца

Двойное скрытие Творца

В жизни человека, погруженного исключительно в ценности материального мира, не остается места для Творца.

Когда человек начинает ощущать силу, которая управляет всем, и стремится раскрыть ее с помощью методики каббалы, он входит в состояние «двойного скрытия».

В этом состоянии человек не верит в вознаграждение и наказание. Неприятности и страдания относит к случайностям или природным воздействиям.

Присутствие Творца не способен ощутить ни в сердце, ни в разуме. Накапливаются неприятности и неудачи. Молитвы не помогают. Когда перестает молиться, дела налаживаются. Попытки преодолеть свой эгоизм и вера в высшее управление кажутся бесполезными. Ложь и обман приводят к успеху и финансовому благополучию.

Все, кто изучает каббалу, в его представлении глупые, болезненные, нищие, отверженные и лицемерные.

Те, кто не занимается каббалой, выглядят как преуспевающие, здоровые, умные, добрые, симпатичные и уверенные в себе.

Одиночное (одинарное, простое) скрытие Творца

Одинарное скрытие представляет собой уникальное состояние, которое сопровождает духовное движение человека. На этом этапе человек начинает четко осознавать принципы духовного развития. Поэтому все трудности и проблемы связывает исключительно с Творцом, а не со случайными событиями или природой. Он понимает, что только его собственная эгоистическая природа не позволяет ощутить Творца хорошим и созидающим добро.

На этом этапе накапливаются проблемы, неудачи, болезни, переживания и недопонимания со стороны общества. Вместе с этим он продолжает изучать каббалу, тем самым активизирует исправляющий свет и в итоге раскрывает Творца.

Чередование состояний скрытия: двойное — одинарное — двойное — одинарное...

Состояние двойного скрытия ступенчато сменяется на состояние скрытия одинарного, а затем снова на скрытие двойное.

Продвигаясь вперед, человек анализирует чередование подъемов и спадов и тем самым корректирует свое восприятие.

Периоды подъемов и спадов соответствуют чередованию ощущений одинарного и двойного скрытия Творца. Эти состояния выражаются в сомнениях и противоречиях, в контрастах света и тьмы.

Несмотря ни на что, необходимо продолжать движение, поскольку только из таких состояний можно понять принципы высшего управления.

Чередование светлых и темных периодов, благоприятных и неблагоприятных состояний, использование сил, взятых из состояний хороших, для оправдания в состояниях плохих, определяют движение по средней линии.

Связь с Творцом выстраивается на равноценном использовании состояний света и тьмы. Так действуют люди, которые стремятся стать подобными Творцу, подобно Адаму. Скрытие становится для них одновременно разделяющей стеной и средством раскрытия.

Возвращение из двойного скрытия

В двойном скрытии человек не видит, что за всем происходящим в мире стоит Творец. Все и все вызывают в нем гнев. Он находится в падении или вообще уходит.

Однако если человек предварительно построил крепкие отношения с группой, то во время падения это ему поможет.

Товарищи напомнят, что у жизни есть цель, для достижения которой стоит приложить усилия. Все остальное временно и обречено на забвение. Эта поддержка возвращает его к мыслям о цели, и у него появляются силы продолжать духовный путь.

ВИДЕОРОЛИК НА ЭТУ ТЕМУ

Раскрытие Творца

Раскрытие Творца в десятке

Раскрытие Творца включает в себя качественные и количественные показатели. Величина раскрытия зависит от нашей способности включать все больше новых товарищей в свое кли. Это положительно влияет и на качество раскрытия, поскольку каждое новое кли добавляет к основному тону свои уникальные гармоники.

Процесс раскрытия Творца начинается из самого низкого состояния. Сказано в источниках: «Из праха ты вышел и в прах возвратишься». Подняться из этого праха нам может помочь группа: «Да поможет человек ближнему».

Во время поиска Его присутствия, человек проходит множество промежуточных состояний, после которых Творец постепенно раскрывается человеку.

Уровень раскрытия определяется величиной желания человека быть подобным Ему.

Это происходит внезапно

Как правило, это происходит внезапно. Даже за мгновение до раскрытия человек об этом не знает. Он вдруг ощущает озарение в разуме и в чувствах, и тогда природа раскрывается во всей ее бесконечной глубине.

Наш мир, который мы воспринимаем в своих пяти органах чувств, никуда не исчезает. Вместе с этим приходит осознание, что абсолютно все в этом мире находится под управлением Творца. Нет никого, кроме Него.

Приходит ощущение, что Творец добрый и Творящий добро. Человек чувствует душевное равновесие и покой. Желания по мере появления немедленно наполняются. Добрые дела ведут к успеху. Если человек уменьшает количество добрых дел — состояние ухудшается.

Зарабатывает легко необходимое, заботы уходят, во всех делах сопутствует успех.

Видит, что те, кто занимается каббалой, процветают, имеют хорошее здоровье, их все уважают, они спокойны, и с ними чувствуется комфортно. Те, кто каббалу не учит, наоборот — не расстаются с проблемами, их мучают заботы, они болезненны, неустроенны, их презирают, они лживы и лицемерны, и находиться в их обществе абсолютно невозможно.

Такое состояние называется «вознаграждение и наказание».

Раскрытие происходит на фоне скрытия, оба этих состояния существуют одновременно.

Бааль Сулам пишет в своем стихотворении:

> *Пресветлый, с вершин излучающий!*
> *Там, за завесою экрана —*
> *Тайны праведников открываются,*
> *Светят вместе и свет, и тьма.*

(Что означает «вместе свет и тьма»? Это значит, что келим будут подобны свету.)

Как прекрасно познать Всевышнего,
(Его управление нами.)

Но остерегайтесь коснуться его —
(Чтобы наши исследования проводились только в намерении ради отдачи.)

И возникнет тогда пред вами
Та особая башня Оз.
Воссияет вам чудно истина,
Лишь ее уста изрекут,
(Вы увидите, до какой степени в самом деле все, что было в этом мире, что казалось прежде плохим, вредным, что невозможно было оправдать, ощущалось нами таким вследствие неисправленности наших келим.)

А все, что раскроется в откровении, —
(В исправленных келим.)

Вы увидите — и никто другой.
(Это означает, что все раскрывается только человеку, исправившему свои келим, а не кому-то другому. И кому-то другому невозможно объяснить это, потому что то, что я ощущаю таким образом, — это я так ощущаю. Это называется «каждый отвергающий отвергает своими изъянами».)

ВИДЕОРОЛИК НА ЭТУ ТЕМУ ⇒

ДУХОВНЫЕ СОСТОЯНИЯ

Путь Торы и путь страданий

Все человечество поднимается в Высший мир, к состоянию вечности и совершенства. Мы, так или иначе, обязаны достичь этого состояния. Долгим, естественным путем огромных страданий, или легким, добрым путем Торы, путем исправления своих свойств.

Путь страданий — это земные страдания любого типа. Они относятся к нижней ступени и потому растягиваются на долгие годы.

Путь Торы — это страдания высшей ступени, которые проходят значительно быстрее. Страдания высшей ступени — это стремление к единству, за которым стоит Творец, а страдания низшей ступени — это стремление к наполнению желаний тела. В этом их отличие.

Важно понимать, что путь Торы не исключает появление проблем в жизни человека. Однако тот, кто идет этим путем, воспринимает их иначе, так как меняется его отношение к ним и их источнику.

В нашем мире действуют абсолютные законы. Действия в рамках этих законов способствуют продвижению вперед. Если мы их игнорируем, тогда рамки этих законов начинают на нас давить. В этом главное отличие между путем Торы и путем страданий.

Важно всегда искать такие качества, как любовь, отдача, единство и объединение. Их можно получить от правильного окружения, которое находится на более высокой духовной ступени.

Мысли людей, подобно вирусам, передаются от одного к другому. Они не просто витают в воздухе, они часть сети, которая охватывает всех нас крепкими узами, хотя мы этого и не ощущаем.

Вся эта сеть — со всеми видами связи, со всеми светами, со всеми деталями восприятия, со всеми этапами раскрытия — называется Тора.

Если я пытаюсь раскрыть эту сеть, потому что чувствую все бо́льшую ответственность за весь мир, за раскрытие Творца, — то сам «пробуждаю зарю». Если же сеть раскрывается без моего участия, тогда приходит путь страданий.

Важно понимать, что человек не контролирует ни свое прошлое, ни будущее. Он может влиять только на настоящий момент. Выбор между путем Торы и путем страданий означает обращение к Творцу для исправлений себя, а не внешних обстоятельств.

ВИДЕОРОЛИК НА ЭТУ ТЕМУ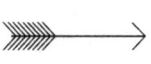

Равнодушие

Равнодушие — недостаток величия Творца

Равнодушие — это очень важное ощущение, поскольку оно показывает, насколько человеку не хватает величия Творца. Равнодушие вплоть до отторжения — это естественный процесс, который необходимо пройти.

Состояние равнодушия говорит о том, что человек не построил крепкой связи с группой. Цепочка «Исраэль, Тора и Творец» не действует, и поэтому наступает равнодушие. Нет ничего хуже этого. Несогласие и противоречия вынуждают действовать, выяснять, искать. В состоянии равнодушия можно застрять на годы.

Равнодушие — это такое состояние, когда человек получает возможность понять свою первооснову. Духовный корень равнодушия исходит из состояния покоя, которого так жаждет наше эго. Это самая базовая форма наслаждения, когда мы просто бездумно отдыхаем, погружаемся в развлекательный контент, наслаждаемся приятными мелодиями, вкусной пищей и приятными ароматами. В этот момент духовное развитие отступает на второй план.

Равнодушие приходит тогда, когда наша внутренняя точка, которая связана с духовностью, перестает светить, поскольку мы не вложили достаточно усилий в установление связей со своим духовным окружением.

Поэтому важно понимать, что независимо от того, поддерживает человек текущее состояние или протестует против него, главное — не оставаться равнодушным, не быть «ни рыбой, ни мясом». В этот период человек определяется, как двигаться дальше.

Трепет и страх

Трепет

Трепет характерен состоянием тревоги, отдаления, ощущения чего-то неясного, не очень осознанного и угрожающего. Ощущение трепета существует как в обычном состоянии, так и в духовном.

Трепет перед Творцом — это ощущение полной зависимости от Него, а также ощущение осторожности в обращении к Нему.

Творец — это некий образ и идеал отдачи, любви, выхода из себя. Это Абсолют, поэтому обращаться к нему можно лишь с очень важным и особенным.

Трепет — включает в себя огромное желание быть подобным Единой силе, стремление присоединиться к Ней и страх не суметь сделать то единственное, что Единая сила от него ждет.

Нет большей заботы, большего трепета, чем сохранение свойства отдачи и связи со всеми.

Самый высокий уровень трепета называется «Иерушалаим», т. е. «иръа шлема» (ивр. «абсолютный трепет»). Он выстраивается над всем эгоизмом и переходит в состояние отдачи и любви.

Страх

Страх — это ощущение, возникающее тогда, когда существует вероятность неполучения или потери уже имеющегося наполнения.

Существуют также более продвинутые виды страха. Например, страх от неспособности быть поручителем для товарищей.

В Талмуде (Шаббат 31;2) говорится, что вера не может проявиться без чувства страха. Поэтому если человек испытывает любовь к Творцу, он должен присоединить к этому чувству также чувство страха — не замешан ли тут эгоизм.

Самый тяжелый вид страха называется «аярат малхут». Это ощущение кромешной бездны. Оно потрясает своей разверзшейся прямо под ногами человека тьмой безысходности, ужаса, отсутствием какой-либо опоры, абсолютным исчезновением окружающего света, дающего ощущение будущего, завтра, следующего мгновения.

Страх как движущая сила

Существует много видов страха, однако все они в конечном итоге должны быть направлены к одному источнику — Творцу. Человек не может продвигаться в духовном только с помощью положительных сил. Каждый новый возникающий вид страха подталкивает человека вперед.

Сказано в Торе: «Все в руках неба, кроме страха перед небом». Наш эгоизм позволяет нам двигаться, только когда ощущает страх. Он вынуждает нас к любым действиям, чтобы нейтрализовать это чувство. Поэтому если человек ощущает страх перед Творцом, у него появляются силы и желание работать.

Страх перед Творцом основан на опасении не суметь сделать ради Творца всего, что только мог бы. Такой страх характеризует альтруистическое свойство духовного объекта. В отличие от страха эгоистического — недополучить наполнения своих потребностей.

Ощущение страха перед Творцом должно быть причиной и целью усилий человека. На следующем этапе с помощью достигнутых свойств человек уже может получить все уготованные ему наслаждения ради Творца. Такое состояние называется «гмар тикун» («окончательное исправление»).

Разница между трепетом и страхом

Состояние, когда человек опасается, что не сможет отдавать товарищам и с их помощью Творцу, называется «трепет». Страх — это более низкое состояние, связанное с нашим животным телом, с нашим желанием насладиться.

Разница между страхом и трепетом состоит в том, что страх — это природное состояние, которое существует и у животных. Трепет возникает в результате духовной работы и воздействия высшего света.

ВИДЕОРОЛИК НА ЭТУ ТЕМУ ⟩⟩⟩⟩⟶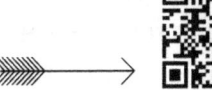

Клипот (кожура)

Клипот сохраняют плод

Как известно, в мире Некудим произошло разбиение келим (желаний). Часть из этих разбитых келим можно исправить, то есть сделать отдающими. Оставшиеся келим невозможно исправить до «гмар тикун». Эти келим называются «клипот».

«Клипот» («нечистые силы», «шелуха» «кожура») — это особая система, которая не позволяет прикасаться к неисправленным желаниям. Клипот словно стоят на страже, как сказано: «Клипа (кожура) сохраняет плод».

Мы ненавидим клипот и думаем, что это злые силы, хотя на самом деле они очень полезны. Они оберегают нас тем, что ограничивают, отталкивают, отпугивают. Они строят перед нами всевозможные препятствия, которые мы сможем преодолеть, только когда будем к этому готовы.

Если бы маленький ребенок мог делать все, что ему хочется, — он бы навредил себе и/или окружающим. Сама природа не дает ему такой возможности.

Существуют три вида клипот: «Ураганный ветер» («руах сэара»), «Большое облако» («анан гадоль») и «Всепоглощающий огонь» («эш митлакахат»). Только пройдя их, можно войти в мир Ацилут.

Клипот создают ощущение времени

Времени не существует. Все, что мы делаем в настоящий момент, заранее прописано и известно. Существует движение из прошлого в будущее, так и движение в обратном направлении, из будущего в прошлое. Это взаимосвязанные и взаимозаменяемые процессы, текущие в обе стороны.

Ощущение времени приходит к нам от клипот (эгоистических желаний). Клипа растягивает время, словно резину. Она вносит ощущение промежуточного пространства между причиной и следствием.

Если мы освобождаемся от эгоизма, то этот промежуток исчезает — причина соединяется со следствием, и все сливается в одно мгновение.

Клипат Нога

«Клипат Нога» — это особое состояние: наполовину добро/наполовину зло. Оно очень хрупкое и напряженное. Человек будто не знает, на что решиться: преступление или благородный поступок. Он колеблется, будто расколовшись надвое, не в силах сделать окончательный выбор, не зная, на какую чашу весов бросить последний решающий грамм.

С одной стороны, он не способен отказаться от своего эго, огромного желания насладиться. С другой стороны, он понимает, что если не освободится от эго сейчас, то не сможет войти в духовный мир.

В этой ситуации помочь человеку могут только группа и высший свет.

Клипат Мицраим

Намерение без действия называется «клипат Мицраим», и действие без намерения также называется «клипат Мицраим». На самом деле они должны полностью соответствовать друг другу.

Не просто так говорится, что человек должен восемь часов в день работать, шесть часов спать, заботиться о семье. Совсем не случайно наша жизнь построена по такому, казалось бы, странному распорядку.

Почему бы не жить словно ангел, без поисков пропитания, не заботиться о жене и детях, не тратить время и силы на борьбу с нелепыми помехами и ситуациями повседневной жизни. Если главное — это намерение, почему бы не позволить нам заниматься только этим, и все?

Дело в том, что в начале духовного пути наше намерение очень общее, невыраженное. Именно заботы повседневной жизни позволяют нам настраиваться на правильное намерение.

Исправить клипот и уберечься от них можно с помощью группы

Работа по исправлению заключается в сортировке, отборе свободных от клипот, годных для исправления келим. Это можно сравнить с борьбой организма против инфекции, где первым шагом является изоляция очага инфекции от здоровых тканей. Перед нами большая и кропотливая работа, поскольку болезнь поразила каждую клетку системы Адам Ришон.

Когда работа будет выполнена на 100% — то есть все клипот будут отсортированы, придет «гмар тикун», и тогда можно будет исправить и клипот.

Для выявления клипот используется свет АБ-САГ, который позволяет видеть, какие желания ближе к свету, какие дальше, а какие полностью ему противоположны.

Чтобы уберечься от клипот, нужно стараться сблизиться с товарищами. Нет никаких других средств, потому что клипа — это желание отдалиться, оттолкнуть, изолировать себя от других, чтобы сосредоточиться на себе.

Окружение и группа имеют важное значение в этом процессе, так как они помогают нам избавиться от клипот. Группа поддерживает, мотивирует и вдохновляет нас.

В каббалистической группе необходимо каждую секунду отменять себя по отношению к окружению, поскольку духовное развитие предусматривает постоянный рост эгоизма, а значит, и постоянную свободу выбора.

В группе может существовать общая клипа, которая действует на разделение товарищей и включает в себя такие негативные качества, как гордость и зависть.

Исправление клипот происходит благодаря подъемам и падениям, которые позволяют нам «поднимать» немного клипы (эгоизма) и таким образом исправлять.

 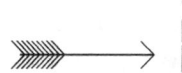

Равенство

Существует или нет равенство

Равенство, в сущности, противоречит человеческой природе, и все же мы часто стремимся к нему, даже не совсем осознавая, в чем именно заключается это желание.

В природе не существует абсолютного равенства, и это неизбежно. Если бы все были идентичными или абсолютно равными друг другу, то не было бы места для обмена, взаимодействия, обучения и развития. Равенство на самом деле ограничило бы возможности разнообразия и индивидуальности.

В природе обилие разнообразий и различий. Это именно то, что придает ей богатство, палитру цветов и мириады всевозможных свойств. Разнообразие и неравенство объектов и явлений в природе создают уникальность и пестроту мира, делая его удивительным и разносторонним.

Каким должно быть равенство

Человечество относится к понятию «равенство» как к неоспоримому факту, хотя в природе его не существует. Мы понимаем, что значит быть выше или ниже других, а когда говорим о равенстве, мы теряемся.

От природы мы созданы разными, и не надо эту разницу нивелировать, уничтожать или стирать. Наоборот, мы должны как можно больше выделять все различия между нами и делать их более рельефными.

Идея равенства заключается в том, чтобы каждый человек мог максимально использовать свои способности и приносить пользу обществу. Равенство не означает уравниловку, а подразумевает взаимодополнение друг друга, что в конечном итоге способствует гармонии.

Для того чтобы достичь равенства, необходим общий знаменатель. Общество не может взять на себя эту функцию, потому что индивидуальный эгоизм людей не позволяет этого сделать. Общий знаменатель можно найти только в высшей ступени — Творце. Тогда мы поймем, почему мы такие разные и как именно наши различия ведут к настоящему равенству.

Равенство в каббалистической группе

Все рождаются с разными задатками, в разных семьях. Получают разное образование, воспитание, по-разному воспринимают мир и по-своему ощущают себя. Каждый развивается согласно исходным данным — духовным генам. Однако если каждый из нас реализует себя в гармонии с остальными — это и будет настоящим равенством.

Это похоже на то, как работают катушка и конденсатор в колебательном контуре. Их работа заключается в постоянном обмене циркулирующей между ними энергии.

Настоящее равенство, основанное на участии, сопереживании и любви, можно создать только в качестве надстройки над нашим изначальным эгоистическим неравенством со всеми его производными. Сказано в книге Мишлэй: «Все преступления покроет любовь».

Равенство дается свыше как средняя линия и приходит вместе с раскрытием Творца.

ВИДЕОРОЛИК НА ЭТУ ТЕМУ

Свобода

Свобода или рабство

Сегодня мы приближаемся к пониманию, что на самом деле мы абсолютно несвободны. Те рамки, законы и общественные соглашения, в которых мы жили ранее и где мы думали, что мы свободны, стали для нас тесными. Современному человечеству нужна другая форма свободы — духовная.

Мы вступили в новый этап развития, который можно назвать надэгоистическим. Мы начинаем понимать, что эгоизм является нашим господином.

С точки зрения каббалы, идея свободы заключается в осознании, что на самом деле у нас нет свободы. Следующим этапом является понимание, что истинная свобода состоит в том, чтобы освободиться от эгоизма.

Где прячется свобода

Если внимательно всмотреться в понятие «свобода», мы обнаружим, что никакой свободы нет и никогда не было. По крайней мере, в том смысле, в котором мы это понимаем. Для нас свобода — это возможность делать что хочется. Но разве мы знаем, почему нам хочется именно так, а не иначе?

Значит, нами управляют?

Оказывается, человеком управлять несложно, и делает это природа всего двумя силами: наслаждением и страданием. Не секрет, что наслаждение тянет человека вперед, а страдание подталкивает сзади.

В этом смысле мы ничем не отличаемся от животных. Хотя некоторое различие есть. Это — элементарный коммерческий расчет.

Человек ощущает прошлое, настоящее и будущее в то время, как животное живет лишь настоящим. Поэтому мы, в отличие от животных, можем добровольно пойти на страдание в настоящем — с тем, чтобы выиграть в будущем. Однако суть дела от этого не меняется. Мы под управлением наслаждений и страданий.

Свобода — это ограничения

Чтобы вырваться на свободу, узник должен хорошо изучить место своего заключения. Для начала исследуем законы, по которым содержатся в «застенках» природы все ее подопечные. Сделаем это на примере обычной пшеницы.

Каббала поясняет, что все объекты находятся в рамках управления четырех факторов:

1. Основа (первичная материя) пшеницы не меняется никогда. Поэтому из пшеничного зерна может вырасти только пшеница, а, например, не рожь или овес. В то же время форма пшеницы может видоизменяться: зерно, росток или колос.

2. Программа постоянных свойств. Под управлением этой программы пшеница переходит в одну из заданных форм: зерно, росток или колос.

3. Программа изменяющихся свойств. Эта программа под влиянием внешних факторов — удобрений, влажности, температуры и других — изменяет количество, вкус и другие параметры пшеницы.

4. Программа внешней среды. Случайностей нет. Внешние природные факторы находятся под управлением. Между тем алгоритм программы человеку не подвластен. Он не знает, когда и где будет землетрясение или торнадо.

Подведем итоги. В первичную материю у нас доступа нет. В программу постоянных свойств тоже нет. Программу развития внешней среды мы тоже не контролируем. А что же у нас есть? У нас есть выбор — выбор внешней среды. Получается, что наша свобода воли находится в факторе №3.

То, как мы себя ведем, одеваемся, говорим, думаем и так далее, диктуется той средой, в которой мы находимся. Среда — это не только люди, которые нас окружают, это, в том числе, — книги, ТВ, реклама, идеи...

Мы можем менять самих себя, свою судьбу, свою жизнь только одним способом — с помощью внешних факторов или, другими словами, с помощью окружения.

В нашем мире свободы нет

На материальном уровне свобода нам не доступна. Представление о том, что «я свободен поступать как мне угодно», иллюзорно. Наши желания и решения формируются подсознательно, на основе инстинктов, привычек и общественного мнения. Даже выбор, сделанный наугад, не является свободой, поскольку мы предпочитаем случайность сознательному решению.

Под свободой мы понимаем состояние, в котором внешнее давление, особенно от неприятных и посторонних источников, сведено к минимуму. Но настоящая свобода возникает, когда мы находимся на перекрестке двух природ — духовной и материальной. После выбора одной из сторон свобода исчезает как там, так и здесь.

Чтобы по-настоящему быть свободным, человек должен находиться в постоянном конфликте между духовным и материальным мирами. Это состояние требует балансирования между двумя равными, но противоположными силами.

Когда они равнозначны, выбор становится трудным, похожим на дилемму буриданова осла, который не может выбрать, какой стог сена из двух одинаковых выбрать для еды, и в итоге умирает от голода.

Решение истинной свободы приходит сверху, от высшей силы. Чтобы ощутить свободу, нужно не отдавать предпочтение одному состоянию перед другим, а соединить их с помощью высшей силы. В этом единении кроется истинная свобода. В конечном итоге все человечество должно пройти этот процесс, чтобы достигнуть полного ощущения свободы.

Как вырваться на свободу

Наш врожденный эгоизм в своей основе устроен таким образом, чтобы подталкивать нас к необходимости достижения состояния любви к ближнему. Единственный выбор, который предоставляется нам с точки зрения каббалы, — осознание этого факта и стремление подняться над собственной природой, что является равносильным постижению Творца.

Путь к свободе от эгоизма начинается со вступления в каббалистическую группу. Дальнейшее зависит от глубины включения в группу, которая вдохновляет, поддерживает и стимулирует движение вперед.

Атмосфера взаимопомощи и воодушевления, царящая в группе, дает возможность человеку заключить особый договор с Творцом об общественных отношениях. Речь идет о любви к ближнему как к себе. Этот договор открывает путь к абсолютной свободе, одновременно образуя парадокс: человек заключает себя в рамки договора и при этом получает абсолютную свободу.

ВИДЕОРОЛИК НА ЭТУ ТЕМУ

Стыд

Истоки стыда

Чувство стыда стоит у истоков творения. Каббалист Рабаш утверждал, что стыд представляет собой отдельное, самостоятельное творение. Как известно, Творец обладает свойством абсолютной отдачи, в то время как Творение характеризуется свойством абсолютного получения. Основа их взаимоотношений заключается в стремлении Творения получить то, что исходит от Творца.

Чтобы Творение стало подобно Ему, Творец создал препятствие на пути получения наслаждения. Творение почувствовало бездну, разделяющую отдачу от получения, себя от Творца. Это ощущение собственной недостаточности и зависимости от Творца проявилось в Творении как чувство стыда, которое привело к полному отказу от получения. Этот действие самоограничения Творения называется «цимцум алеф» («первое сокращение»).

Стыд аннулирует эгоизм

В материальном (эгоистическом) мире стыд не проявляется в неживой, растительной и животной природе, а только у человека. Это уникальное чувство отделяет человека от животного мира.

Собака не краснеет, когда подбирает с пола еду, и не стесняется, что ходит без одежды.

Стыд — это мощное чувство, оказывающее непосредственное влияние на эго человека, вплоть до его полного подавления. Когда человек ощущает себя униженным в глазах других, он может предпочесть смерть, чтобы избавиться от этого ощущения. При этом не обязательно, чтобы акт унижения проявился внешне. Достаточно объявить человеку бойкот в социальных сетях, чтобы подтолкнуть его к самоубийству. Периодически мы слышим о таких случаях, особенно в подростковой среде.

Стыд порождает намерение

Каббалисты утверждают, что Творец, в отличие от Творения, обладает свойством отдачи. Встает вопрос: каким образом Творение, изначально задуманное как получающее, может стать похожим на дающего, и какое место здесь занимает стыд? Один из классических примеров, который приводят каббалисты, связан с взаимоотношениями между гостем и хозяином. Этот пример иллюстрирует сложную динамику между желаниями давать и получать, между Творцом и Творением.

> **Бааль Сулам**
> *Представим, что человек приходит в гости к своему товарищу, который предлагает ему пообедать. Естественно, даже будучи голодным, гость изначально откажется от предложения, так как ему неприятно*

ощущать себя получателем, не способным дать что-либо взамен. Однако хозяин настаивает, уверяя, что съеденная гостем пища принесет ему, хозяину, большое удовольствие. Как только гость убеждается в искренности хозяина, он соглашается на прием пищи, так как больше не видит себя в роли получателя. Более того, теперь гость чувствует, что он приносит удовольствие хозяину, согласившись принять угощение.
Таким образом, несмотря на голод, гость из-за стыда не мог приступить к еде до тех пор, пока хозяин не уговорил его. Здесь мы видим, как формируется новый сосуд для приема пищи.
Сила убеждения хозяина и нарастающее сопротивление гостя преобразуют получение в отдачу. То есть действие получения остается, однако намерение изменяется.
Таким образом, сопротивление, а не чувство голода, становится истинным сосудом для приема угощения[11].

Итак, секрет правильного получения заключается в правильном намерении. Правильное намерение во время получения — этим Творение может уподобиться Творцу и таким образом сделать возможным получение бесконечного наслаждения.

ВИДЕОРОЛИК НА ЭТУ ТЕМУ

---

11 Бааль Сулам. Введение в науку каббала. Kitvei Baal Hasulam. ARI. Israel. 2009. P. 164.

Грех

Грех — отклонение от цели

Цель человека — постижение Творца, который открывается в меру подобия с Ним. Осуществление этой великой цели делает жизнь человека по-настоящему счастливой.

Действия, предназначенные для достижения этой цели, называются «заповеди». Свойства Творца — это отдача и любовь. Следовательно, главная заповедь — это «возлюби ближнего, как себя». Отклонение от движения к этой цели рассматривается как грех.

Человеку необходимо учиться оценивать свои поступки в соответствии с тем, насколько они приближают его к постижению Творца или удаляют от этого.

Грех — молитва за себя

Молитва или просьба, сосредоточенная исключительно на личных потребностях, отдаляет человека от Творца, поскольку Творец как высшая сила природы настроен на объединенное человечество и на устремления людей к такому объединению.

В конечном итоге это должно привести к воссозданию ощущения гармонии и единства от соединения в одну душу, когда человечество вернется к ощущениям Высшего мира, снова став Адамом.

Грех — отключение мыслей от Творца

Люди часто заблуждаются, думая, что они являются хозяевами своих ошибок и могут самостоятельно их исправить. В основе такого самомнения находится эгоизм, и человеку не под силу его изменить. Только сила, которая лежит в основе всего существующего, то есть Творец может осуществить преобразование эгоиста в альтруиста. Поэтому именно к Творцу следует обращаться с просьбой о таком исправлении.

Отказ человека признавать роль Творца в своей жизни и в мироздании считается грехом. Грех заключается в заблуждении, что действует не Творец, а сам человек или некие силы природы.

Таким образом, признание своей ограниченности и неспособности к самостоятельному исправлению — первый шаг к истинному духовному развитию.

Исправление своего внутреннего мира и переход от эгоизма к альтруизму начинается с осознания своей связи с Творцом и признания Его роли в своей жизни.

Грех — использование своего эгоизма во вред другим

Эгоизм сам по себе — это не грех, это наша естественная природа. Грех — когда мы им пользуемся таким образом, что он приносит вред другим.

Все довольно просто: действия, направленные на достижение личного благополучия, которые приносят вред окружающим, являются грехом. Однако поступки или мысли, направленные на достижение личного блага без вреда другим, грехом не считаются.

Не только наши действия, но и наши намерения должны соответствовать этому принципу.

Грех — брать больше необходимого

Если человек пользуется в нашем мире большим, чем ему необходимо для нормального, достойного существования, это называется «грех».

Речь идет об обычном существовании на нормальном материальном уровне. Это то, к чему автоматически стремится любое животное. Дай корове торт, налей коню шампанское — им этого не надо точно так же, как не нужна им перина.

Человек должен иметь в достатке то, что необходимо его телу, а все, что относится к уровню «человек», должно быть направлено к духовному постижению, к выходу в Высший мир.

Жизнь дана человеку для того, чтобы выйти в Высший мир в течение этой жизни. Грех заключается в том, что человек относится с пренебрежением к этой цели.

Творческие устремления человека, его увлечение искусством и наукой не должны быть самоцелью. Они предназначены для продвижения человечества к единству и гармонии, для подъема над повседневными заботами и стремлению к более высокому, духовному уровню.

Грех отдаляет от Творца

Грех дает ощущение отдаления человека от Творца. Когда человек опирается на группу, держится за нее, он вновь приближается к Творцу. Путь к Творцу построен на противоположных состояниях, как сказано: «Тысячу раз упадет праведник и встанет».

ВИДЕОРОЛИК НА ЭТУ ТЕМУ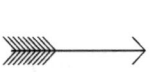

Зависть

Истоки зависти

В корне обычной зависти скрывается определенный вид эгоизма. Она проявляется, когда человек видит, как кто-то другой наслаждается. Зависть может появиться и тогда, когда сам человек не испытывает к этому виду наслаждения интереса или даже обладает им в избытке.

Творец заложил в человека зависть как специальный механизм. Зависть подталкивает эго к развитию, доводя человека в конечном итоге до понимания, что погоня за личными эгоистическими удовольствиями ведет в тупик.

Этот процесс предполагает, что человек, в конце концов, придет к пониманию, что истинное удовлетворение и счастье лежат не в безграничном удовлетворении личных желаний, а в развитии способности к единению и отдаче.

Белая и черная зависть

«Белая зависть» описывает ситуацию, когда человек восхищается кем-то другим, стремится быть похожим на него и/или обладать теми же качествами и/или вещами. Объект зависти вызывает у человека глубокое восхищение и желание подражать, даже в самых незначительных деталях. Такой кумир или образ превращается для человека в своего рода путеводную звезду. Он желает кумиру процветания, и это приносит человеку множество положительных эмоций.

Наша жизнь во многом формируется такими примерами. В различных сферах, от личных до профессиональных, люди часто обращают взгляд на других, стремясь подражать своим героям и даже превзойти их успехи.

С другой стороны, «черная зависть» проявляется, когда человек желает иметь то же, что и другие, но по каким-то причинам не может или не хочет реализовать это желание. Вместо этого он желает неудач другим, а в крайних проявлениях эта форма зависти может перейти в преступные действия против объектов зависти.

Как развить положительную зависть

Развить зависть к тому, что изначально не привлекает, является непростой задачей. Для каббалистов это особенно сложно, поскольку предмет их стремлений находится вне обычных ощущений. Тем не менее это качество необходимо развивать, поскольку без него трудно ожидать значительного прогресса в духовной работе.

Существует утверждение, что зависть, наслаждение (страсть) и желание почета выводят человека из этого мира (кина, таава вэ кавод моциим адам мин олам). Суть этой мысли заключается в том, что эти три вида стремлений заставляют человека действовать определенным образом, даже если он изначально не планировал этого. Они подталкивают человека непрерывно меняться и расти, пока он в конечном итоге не осознает, что нет ничего более значимого, чем духовные ценности.

Группа как природный усилитель зависти

Говорится, что «зависть ученых способствует росту знаний». Возьмем, к примеру, ситуацию, когда ученому оказывают почести за его достижения в области науки. Это вызывает зависть у других, стимулируя их к изучению науки как способа достижения признания и почета. Этот пример иллюстрирует огромное влияние окружающей среды на человека и выбор направления его деятельности, вплоть до того, что он может посвятить свою жизнь области, которая не соответствует его естественным склонностям и даже вызывает у него отторжение.

Люди, осознанно или неосознанно, постоянно находятся под воздействием мыслей и убеждений, присущих их окружению. Контроль над собственными мыслями, а также мыслями окружающих выходит за рамки наших возможностей.

Привычки, взгляды на жизнь и интересы формируются и усиливаются в человеке в результате взаимодействия с окружающей его средой. Поэтому, для того чтобы измениться, человеку необходимо сознательно выбирать такую среду, которая соответствует его целям и стремлениям.

Каббалистическая группа — это особый инструмент, без которого путь человека к духовной цели практически невозможен. Она служит своего рода усилителем различных человеческих качеств.

Зависть — одно из самых мощных чувств, которое можно и нужно использовать в каббалистической группе для духовного продвижения.

ВИДЕОРОЛИК НА ЭТУ ТЕМУ ⟶

Злословие (сплетни)

Злословие направлено против Творца

Творец создал все, Он управляет всем, Он стоит за всеми процессами и явлениями, и кроме Него, нет никого. Если нет никого, кроме Него, значит, любая критика или осуждение происходящего в мире, по сути, обращены против Него. Поэтому злословие находится под жестким, абсолютным запретом.

Тора предупреждает нас — о том, кто злословит, Творец говорит: «Я и этот человек не можем пребывать в одном месте».

У злословия нет границ

В результате естественного процесса роста нашего эгоизма у каждого человека возникают критические мысли. Эти мысли порождают критическое отношение к окружающему миру.

Человек не может полностью оградить себя от подобных мыслей, вместе с этим он должен постоянно стремиться к их осознанию, анализу и коррекции.

Такая работа очень важна, поскольку нет ничего более разрушительного, чем злословие. Оно противоречит нашей цели — соединиться вместе, как один человек в одном сердце в системе Адам Ришон, как это было в начале творения.

Безграничное и неконтролируемое, оно распространяется в мире, порождая негативные последствия для того, о ком говорят, и тому, кто говорит. Сказано: «Жизнь и смерть на кончике языка». Этим подчеркивается важность и сила слов, способных как создавать, так и разрушать.

Рабаш
Грех злословия настолько тяжек, что практически ведет к разрушению мира[12].

Злословие (лашон ра) начинается в сердце человека (в его желаниях). Оно передается вербально, а также вместе с нашими мыслями. Поэтому нельзя говорить или думать о ком-то плохо.

Написано, что человек близок к самому себе и потому злословить о себе не может. Если он все-таки это делает, значит, он предъявляет претензии тому, кто его таким создал, то есть Творцу.

Злословие — это нарушение, разрыв связи, коммуникации между людьми на человеческой ступени. Нет ничего более вредного для людей, чем плохие мысли и тем более слова. Их влияние очень вредит миру. Поэтому лучше молчать.

Злословие и ложь являются основными причинами раздоров и ненависти в обществе. Существует существенная разница между тем, что человек говорит и что он думает. Слова несут особую опасность. Не случайно говорится, что однажды сказанное слово обратно взять невозможно.

---

[12] Рабаш. Пока не пал фараон. 450.מע.א כרך כתבי רב"ש ARI. Israel. 2008.

Запрет на негативные высказывания касается также неживого, растительного и животного уровней природы. Мысли такого рода вообще не должны занимать наш ум.

Запрет злословия упоминается во множестве источников. Злословие ставится на один уровень с физическим насилием и даже с убийством. На первый взгляд, кажется, что эти понятия несопоставимы. Вместе с тем, с духовной точки зрения, они несут в себе одинаковую разрушительную силу.

Злословие в группе

Рабаш
Кто злословит — действует вопреки правилу «Возлюби ближнего как себя»[13].

В каббалистической группе злословие является одним из самых отрицательных явлений. Это огромная помеха, которая мешает нам двигаться вперед. По сути, злословие указывает не на чужие изъяны, а на наши собственные. Это естественная реакция нашего неисправленного эгоизма, которую можно преодолеть положительными мыслями и словами.

Нам нужно постоянно заботиться, чтобы в десятке царила атмосфера заботы и доброжелательного отношения к друг другу. Это помогает развиваться не только нам, но и укрепляет всю группу. Такая

---
[13] Рабаш. Что означает, что именно в канун Песаха задают четыре вопроса. 878.מע.ב כרך ש"רב רב"כתבי ARI. Israel. 2008.

работа способствует воздействию на нас окружающего света, который создает свойство настоящей отдачи, благодаря которой мы ощутим высшую управляющую силу природы — Творца.

Каждому новому члену группы нужно сразу объяснить, в чем опасность злословия, а также регулярно об этом напоминать. Злословью нужно противостоять напоминанием о цели и наших ценностях.

Написано: «Не нашел ничего лучшего для человека, чем молчание». То есть лучше избегать лишних слов.

Как гласит изречение: «Жизнь и смерть находятся на кончике языка». Поэтому прежде, чем что-то выскажешь, стоит подумать о смысле, цели и возможных последствиях.

Мы пришли в этот мир не для того, чтобы исправлять других, а чтобы работать над собой. Мы должны стремиться к тому, чтобы в наших словах, мыслях и действиях всегда присутствовали хорошее отношение и забота о других. Стремление к доброте и позитивному отношению к окружающим — это путь, который приближает нас к высшей силе, создавшей нас.

ВИДЕОРОЛИК НА ЭТУ ТЕМУ

Ненависть

Ненависть и ее виды

Эгоизм в человеке никогда не стоит на месте — он постоянно развивается и меняется. Со временем, когда эгоизм достигает определенной степени, мы начинаем чувствовать, что эгоизм окружающих людей нам мешает. Внешний вид, привычки, запах и другие критерии, которые не соответствуют его внутренней модели, вызывают реакцию отторжения. Такая реакция между разными видами эгоизма называется «ненависть». Свойство эгоизма, противоположное ненависти, называется «любовь».

Ненависть очень различается, как качественно, так и количественно. В соответствии с этим и ответные реакции. Диапазон ответных реакций очень широк: от мелких житейских упреков и до взаимного истребления. Ненависть, находящаяся исключительно в плоскости материального мира, приводит лишь к разрушению.

Для наглядности приведем один пример из подвидов ненависти. В современном мире набирает силу такое тяжелое явление, как ненависть детей к родителям. Дети не хотят помогать своим больным, престарелым родителям, не ухаживают за ними или просто забывают. Это явление было известно и ранее, однако сегодня оно стало почти обыденным.

Дело в том, что эгоизм человечества непрерывно эволюционирует. Постепенно он поднимается все выше, с уровня животного эгоизма на уровень эгоизма духовного, или в терминах каббалы — человеческого. В результате человек все больше отрывается от привычных биологических связей между людьми. Это естественный природный процесс, который со временем будет только нарастать.

От ненависти к любви

Поразительно, но ненависть может служить инструментом для духовного роста человека. Она — особый материал, который можно использовать как строительные блоки для создания чего-то нового и ценного.

Ненависть — это сила, которая отталкивает определенные свойства. Но если мы используем эти свойства правильно, мы можем построить из них что-то положительное. Таким образом, ненависть, которая кажется отрицательной, на самом деле может превратиться в свою противоположность — любовь.

Этот процесс имеет огромное значение. Неудивительно, что каббалисты уделили теме ненависти столько внимания в своих работах.

Как работать с ненавистью

Работа над ненавистью состоит из нескольких этапов. Сначала важно осознать, что корень ненависти лежит в нашем собственном эгоизме. Именно он не дает нам видеть положительные качества в других людях. Наше восприятие, искаженное эгоизмом, заставляет нас видеть в других только источник негатива. Таким образом, эгоизм удерживает свое доминирование, подчеркивая свою уникальность и неповторимость.

Понимание того, что источником нашей ненависти является собственный эгоизм, открывает дверь к более объективному взгляду на реальность. Такой взгляд позволяет нам формировать нейтральное отношение к миру и подниматься над собственной ненавистью.

Следующий этап заключается в осознании, что мир является частью нас самих. Это приводит к состоянию, когда мы начинаем любить окружающих так, как любим себя.

Как преодолеть ненависть

Любовь и ненависть — это два противоположных качества, которые не могут существовать отдельно друг от друга. Суть духовного объединения заключается в их правильном соединении. Когда они соединяются правильно, между ними возникает гармония, создающая среднюю линию.

Исторически такое объединение было достигнуто еврейским народом после их выхода из Египта и получения Торы у горы Синай. Это был момент, когда впервые была преодолена ненависть между людьми. Название горы Синай символично, так как в иврите «сина́» означает «ненависть».

На протяжении веков каббалисты учат, что человек может и должен активно вмешиваться в этот процесс, заданный природой. Активная работа по взаимному сближению людей в условиях возрастающей ненависти может ускорить процесс духовного исправления и сократить негативные последствия.

Беспричинная ненависть — «еврейское изобретение»

Взаимная ненависть оставила заметный след в еврейской истории. Один из самых известных примеров — гибель 24 тысяч учеников рабби Акивы, знаменитого учителя и законодателя. Согласно историческим источникам, причиной их смерти стала беспричинная ненависть.

Такая ненависть считается беспричинной, потому что для нее нет оправдания. Этот вид ненависти характерен именно для еврейского народа.

Возвращаясь к событиям, связанным с учениками рабби Акивы, стоит отметить, что выжило лишь пятеро из них. Один из них, рабби Шимон бар Йохай, стал автором самой известной каббалистической книги — Зоар. Эта книга была написана в период после разрушения Второго храма и начала изгнания еврейского народа, когда уровень центробежных сил, разрывающих народ Израиля, достиг своей кульминации.

В Зоар особо подчеркивается, что каждый день перед началом работы над книгой десять членов группы рабби Шимона должны были преодолевать взаимную ненависть. Невероятно, но факт: книга была создана в условиях непреодолимой взаимной ненависти, что придает ей особую внутреннюю силу.

ВИДЕОРОЛИК НА ЭТУ ТЕМУ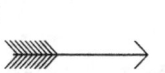

Осознание зла

Что значит «осознание зла»

Суть природы человека — эгоизм. Вместе с тем обычный человек не считает собственную природу ни злом, ни добром. Из поколения в поколение человек живет лишь надеждой получить то или иное наслаждение, а его отсутствие или нехватка вынуждает гнаться за ним и этим жить дальше.

Часто на закате жизни человек видит, насколько весь его такой короткий жизненный путь был ущербен, пуст и не наполнен никаким смыслом. В итоге остались лишь воспоминания о бесконечной погоне чаще всего за мелкими сиюминутными удовольствиями, а по сути, все было зря. В этом наша судьба, наш рок, наша история и наше развитие.

В конечном итоге перед нами возникает непростой вопрос. Почему настолько умная и расчетливая природа, которая создала физические тела, разум, свойства, чувства и все прочее, то есть огромный супер-организм, поместила на вершину творения нас — маленьких и очень противных букашек.

Мудрецы говорили, что те, кто не родился, счастливее тех, кто родился.

Так происходит вследствие того, что сегодня мы существуем только в искаженном нашим эгоизмом мире. Осознание этого факта так и называется — осознание зла («акарат ра»).

Осознание зла — обязательное состояние

Первый шаг к изменению себя — это осознание зла, которое кроется в нашей природе. Осознание зла приводит к пониманию, что изменения собственной природы влияют положительно на весь мир. Человек самый эгоистический и развитый элемент природы, поэтому он может принести самый большой вред и самую большую пользу.

Осознание собственных ошибок часто приходит вследствие проблем и трудностей, которые мы испытываем. Важно понять, что именно в нашей природе вызывает эти страдания, чтобы мы могли работать над собой. Каббалисты исследуют эти аспекты природы человека в своих трудах.

Чтение каббалистических книг помогает нам лучше понять нашу природу. Мы начинаем с получения знаний, затем переходим к более глубокому пониманию и, в конце концов, достигаем нового уровня восприятия и чувственного осознания мира.

Зло — это я

Мудрецы говорят, что настоящий герой — это не тот, кто побеждает других, а тот, кто побеждает себя. Наша главная борьба — это борьба с нашей эгоистической природой. Если бы мы смогли ее победить, мы бы достигли наилучшего состояния.

Мы рождены эгоистами и видим мир исключительно исходя из наших собственных желаний, и это ограничивает наше понимание. Осознание того, что наши проблемы и страдания часто исходят из нашего эгоизма, — это первый шаг к их преодолению.

Когда мы начинаем понимать, что мир гораздо шире нашего личного восприятия, это открывает нам новые горизонты. Победа над собственной эгоистической природой позволяет нам видеть мир по-новому и жить более осознанной и полноценной жизнью.

Происходящее в мире формируется в нашем восприятии, а реальность, находящаяся вне нас, нам неизвестна. Мы не можем видеть ничего, кроме своего «я», своих желаний, которые и рисуют мир, который мы постигаем. Но если мы копнем глубже, то поймем, что весь мир — это тоже часть нас.

Исправив себя, мы исправляем мир

Осознание зла и процесс его исправления происходят под влиянием изучения каббалы и следования советам каббалистов. Этот процесс не прост и требует глубокой внутренней работы над собой.

По мере того, как мы исправляем себя, меняется и наше восприятие мира. Это похоже на просмотр калейдоскопа, где изображения мира непрерывно меняются.

Мы начинаем видеть картины счастливых, исправленных состояний, которые заменяют собой старые картины человеческих страданий. В этом процессе также возникает осознание собственной вины за те бедствия, которые мы видим в мире.

Каббалисты не обвиняют никого в недостатках мира. Они следуют принципу: «Исправь себя, и ты исправишь мир». Этот девиз подчеркивает, что изменение мира начинается с изменения самих себя. Каждый шаг к исправлению себя приводит к более гармоничному и счастливому состоянию мира в целом.

Стать сильнее в 620 раз

Осознание зла — это прежде всего понимание, что «система Адам» раскололась на бесчисленные фрагменты из-за возникновения эгоизма. Процесс исправления начинается с понимания важности построения надэгоистических связей между людьми. Это подразумевает восстановление гармонии и единства в «системе Адам», после чего система станет в 620 раз мощнее, чем была до разбиения.

Мир, в своем стремлении к объединению, исследует различные формы единства, но от этого становится только хуже. Это служит указанием на то, что мы уже близки к осознанию зла, заключенного в нашем природном эгоизме.

Истинное и долгожданное единение возможно лишь тогда, когда мы поднимаемся над нашим личным эгоизмом.

ВИДЕОРОЛИК НА ЭТУ ТЕМУ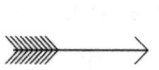

Переход махсома

Что такое махсом

Слово «махсом» в переводе с иврита означает заслон, барьер, препятствие. С точки зрения каббалы, махсом — это условная граница между двумя мирами: материальным и духовным.

Переход махсома — это переход потенциального барьера, за которым человек начинает впервые понимать, что такое альтруистическая отдача. До махсома человек ощущает себя центром мироздания и действует только с намерением ради себя. За махсомом, в центре его мироощущения, находится Творец, и все свои действия человек выполняет ради других или ради Творца. То есть до махсома человек является эгоистом, а за махсомом — альтруистом. Речь идет о двух абсолютно противоположных отношениях к миру. По сути, человек приобретает новую природу.

Как переходят махсом

Сегодняшний мир, в котором мы живем, на самом деле иллюзорен и намеренно кажется далеким от совершенства. Это сделано с целью подтолкнуть нас к желанию перейти в другой мир, где действуют законы любви и отдачи.

Переход к ощущению Высшего мира — это постепенный процесс, требующий изменения множества качеств в человеке. Желание ощутить новый, совершенный мир в конечном итоге приводит человека к обращению и молитве к высшей силе.

Процесс перехода махсома осуществляется в десятке. Однако личные особенности каждого человека играют важную роль, следовательно, переход махсома может происходить у людей по-разному.

Цель природы — провести все человечество через махсом, чтобы открыть путь к совершенству.

Сколько времени занимает переход махсома

Процесс перехода махсома не имеет четко определенных временных рамок. Это может занять от нескольких лет до десятилетий. Время зависит от усилий, которые человек прилагает, и от глубины его души. Чем больше эгоизма внутри человека, тем дольше может продолжаться этот процесс.

Прорыв границы духовного мира означает преодоление внутренних барьеров в сердце человека, которые мешают ему объединиться с другими в общей системе Адам Ришон. Когда мы попадаем в эту систему, мы открываем, что она наполнена высшим светом, силой отдачи и любви.

Этот процесс индивидуален и зависит от каждой конкретной души. Однако его целью является достижение состояния, где человек способен действовать исключительно во имя блага всех людей, обретая способность любить и отдавать.

Что находится за махсомом

Переход махсома представляет собой изменение намерения человека. Теперь центром мироздания для него становится Творец, а не его собственное эгоистическое «я». Это изменение намерения приносит человеку бесконечное наслаждение и гармонию. Он ощущает, что каждое мгновение и каждое творение абсолютно необходимы, так как они образуют абсолютные связи между собой.

На протяжении истории махсом перешли миллионы людей, но важно понимать, что люди — это желания, которые постоянно меняются, соединяются и перемешиваются. Каббалисты видят все связи между людьми, их заботу и отдачу друг другу.

Для каббалистов духовное пространство характеризуется теми свойствами, которые они приобрели в процессе перехода махсома. Их работа заключается в совмещении противоречий между эгоизмом и свойствами отдачи и любви.

Все виды эгоистической природы нашего мира — неживая, растительная и животная (человеческая природа нашего мира классифицируется как животная) — воспринимаются только в наших земных ощущениях и в действительности не существуют. В конечном итоге ощущения меняются, и этот мир исчезает.

ВИДЕОРОЛИК НА ЭТУ ТЕМУ

Духовное рождение

Как происходит духовное рождение

Мы приходим в этот мир благодаря родителям. Еще до рождения многие наши свойства определены. Они достались от прошлых состояний — кругооборотов. Во время взросления мы воспринимаем все происходящее как само собой разумеющееся.

Сначала появляется ощущение себя и окружающего мира. Затем приходят слова, осознание и понимание. Время течет медленно и постепенно, а мы не отдаем себе отчет в том, насколько этот процесс необычен и неестественен.

В какой-то момент жизни мы получаем каплю духовного семени — желание родиться в Высшем мире. Это «точка в сердце» или «зародыш души». Затем нас приводят в группу — туда, где мы эту точку можем развить.

Группа состоит из людей с устремлением к Творцу. Правильно выстраивая свое отношение к ним, мы обеспечиваем себя окружением для духовного роста. Мы абсорбируемся в группе, подобно семени в материнской утробе. От группы мы получаем все, что нужно для развития: поддержку, понимание, примеры.

Проход в духовный мир подобен рождению ребенка, который девять месяцев находился словно в доме отдыха с полным обеспечением. Когда плод развился, он переворачивается вниз головой. Переворот говорит о том, что человек полностью меняет свое представление о себе и о мире. Важное и неважное меняются местами.

В группе своими попытками уподобиться Высшему, найти правильное соединение между товарищами мы вызываем давление Высшего — родовые схватки («цирей лида»). «Схватка» (цар, цирей) — от слова «узкий» (цар) и «страдания» (царот). Таким образом нас «продавливают» сквозь махсом. Махсом — это и есть то узкое место, откуда рождается человек.

Мы не знаем, когда это совершится. Как сказано в первоисточниках, это происходит всегда неожиданно. Как правило, это событие начинается в темноте, как бегство из Египта среди ночи или как рождение ребенка, который из темноты вдруг появляется на свет.

Рождение человека в духовном мире и появление экрана происходят одновременно. Глубина ощущения Высшего мира зависит от величины экрана (масаха). Тот объем, который человек ощущает, называется его душой.

Чтобы родиться, нужно объединиться

Объединение играет важную роль в строительстве духовного «тела» новорожденного человечества. Мы обязаны соединиться так, чтобы родиться здоровыми духовно. Ни один из нас не может стать полноценным духовным сосудом в одиночку, так как мы являемся лишь отдельными осколками, появившимися после разбиения. Духовный сосуд, или «кли», формируется на основе связей между людьми.

С помощью взаимного поручительства человек достигает ощущения поддержки и уверенности в обеспеченности всем необходимым. Это подобно состоянию беззаботного младенца, ощущающего тепло материнских рук. Только в таких условиях человек может преодолеть свой эгоизм и начать думать о благополучии других.

ВИДЕОРОЛИК НА ЭТУ ТЕМУ

Радость

Что такое радость

Радость является признаком согласия с Творцом и обретения Его свойств. Это ощущение удовлетворения, возникающее от наполнения чем-то, к чему существует предварительное желание. Интересно, что радость может проявиться даже там, где существует недостаток наполнения. Она является признаком того, что человек действует ради отдачи, а не вынужденно, из-за отсутствия выбора или страха наказания.

Каббалисты приветствуют любую радость, исходящую из действий, которые не приносят вред другим людям. Например, каббалист Рабаш, однажды проходя рядом со стадионом, выразил уважение к этому месту, потому что люди на стадионе радуются.

Радость — это универсальное чувство, которое нужно каждому человеку. Даже тем, кто обладает богатством, властью или славой, всегда нужна радость.

Каббалисты говорят, что радость должна наполнять человека от осознания важности его стремления к Творцу. Это чувство создает кли для раскрытия Творца и объединения с Ним.

От чего радуется каббалист

Показатель правильной духовной работы заключается в том, что человек испытывает радость от раскрывающихся в нем негативных качеств. Он радуется раскрытию зла, потому что это свидетельствует о его духовном росте. Он не пытается подавлять это зло, а наоборот, поднимается над ним. В этом каббалисты отличаются от других людей.

Недостаток радости служит стимулом для развития, но это не означает, что человек должен постоянно находиться в печали. Вместо этого он должен усердно работать над тем, чтобы преобразовывать свои негативные эмоции в радость. Если человек чувствует тяжесть и уныние, это может указывать на недостаточную связь с окружающими.

В своей духовной работе человек должен постоянно проверять, находится ли он в состоянии радости, и определять источник этой радости. Радость должна исходить из приближения к Творцу с помощью десятки, а не от насыщения собственного эгоизма. Работа в десятке позволяет получить высший свет, ощущение духовного и раскрытие Творца.

Радость в десятке

Работа в десятке имеет свои особенности и последовательность этапов. Вначале человек чувственно приближается к товарищам. Затем он видит, что его сердце расширяется и наполняется радостью. Разум становится все более ясным, а сердца и ум товарищей включаются друг в друга.

Если товарищи действуют совместно, тогда границы всего, что только можно постичь и почувствовать, исчезают. Одновременно с этим в товарищах возникает радость, потому что они чувствуют, как наслаждают и радуют Творца. Под Творцом подразумевается высшая сила природы, которой от нас ничего не надо.

Радость указывает, что собрание товарищей прошло успешно и цель была достигнута. Она мотивирует человека продолжать двигаться в правильном направлении. Радость в деятельности, направленной на Творца и благополучие товарищей, считается «радостью от добрых дел». Она служит индикатором правильного направления движения.

Понимание важности цели, а также вдохновение от духовного огня группы обеспечивают человеку необходимые силы для продвижения. Радость здесь выступает как ключевой элемент: без нее прогресс останавливается. Если человек поглощен печалью, это указывает, что, независимо от его усилий, такое состояние не приведет к достижению цели.

Для удержания верного курса на пути духовного развития радость является неотъемлемым компонентом. Страдание от ударов судьбы, при одновременном выражении благодарности за испытания, свидетельствует о неправильном понимании сути связи с Творцом.

В групповых взаимоотношениях иногда неизбежны напряженность и разногласия. Однако такие моменты не следует воспринимать как препятствия, ведь они могут быть проявлением активности и стремления к развитию.

Любовь

Что мы знаем о любви

Тема любви, на первый взгляд, может показаться простой и очевидной. Однако в действительности она представляет собой одну из самых сложных тем.

Любовь занимает центральное место в осмыслении восприятия Творца, в процессе приближения к Нему, а также в понимании основополагающих принципов мироздания. Эта тема требует глубокого анализа и осмысления, поскольку она затрагивает самые фундаментальные аспекты нашего духовного развития и понимания мира в целом.

Часто мы путаем два вида любви: духовную (альтруистическую) и эгоистическую. Эгоистическая любовь, которая связана с удовлетворением наших собственных желаний, нам знакома и интуитивна. Мы часто ведем себя, как младенцы, требуя любви и внимания. Альтруистическая любовь базируется на другом отношении. Она не связана никак с наполнением наших эгоистических потребностей. Надо помнить главное — любовь к Творцу невозможна без любви к ближнему.

Первый шаг на пути к духовному — это сознательное уменьшение собственных стремлений к получению. Этот процесс заключается в изменении любви к себе на любовь ко всему, что нас окружает: людям, животным, растениям и неживой природе. Поскольку все это создано Творцом, любовь к ним приближает нас к Нему.

Что такое любовь

Согласно каббалистическим источникам, любовь представляет собой процесс слияния двух духовных объектов: души и Творца. Это слияние достигается подобием их свойств. Когда душа и Творец взаимно отдают и наполняют друг друга, они сливаются в единое целое, дополняя один другого в абсолютном согласии.

Любовь к Творцу приходит после любви к товарищам. Мы можем думать, что понимаем суть любви и знаем, как любить. Однако настоящее понимание этого свойства приходит только после совместных усилий в группе.

Любовь — это не что иное, как полное самопожертвование ради связи с другими. Цель этой связи — доставить удовольствие Творцу и предоставить Ему возможность раскрыться.

Любовь — это высшее духовное единство желаний, сосредоточенных на общей цели. Это вершина морального, умственного и духовного развития человека, достигающего уровня Творца.

В нашем эгоистическом мире подобное единение полностью выходит за рамки понимания.

Абсолютная любовь

Цель творения заключается в постижении абсолютной любви. Каббала, изучающая взаимосвязь между полярными, противоположными частями творения, удивляет использованием таких понятий, как «любовь». Ведь обычно любовь ассоциируются с искусством, литературой или психологией, а не с точными науками с их четкими определениями и измерениями.

В нашем меркантильном мире, в котором все измеряется деньгами, силой оружия, властью, никто не ценит человеческие чувства. Поэтому совершенно непонятно, как можно назвать систему связи всех сил природы абсолютной любовью. Эти не укладывается в нашем сознании до тех пор, пока мы не начинаем понимать, что любовью называется обмен желаниями.

На самом деле любовь представляет собой сложную систему взаимодействий, в рамках которой протекают процессы обмена возможностями и потребностями — такими как давать и получать, наполнять и опустошать.

В этой системе каждый элемент творения находится в тесной и идеально сбалансированной связи с другими. Все составляющие этой системы гармонично взаимодействуют, образуя единое целое, где каждый компонент играет свою роль в поддержании общей гармонии и равновесия.

Любить кого-то — это значит исследовать и раскрывать все его потребности и желания: физические, эмоциональные, духовные, моральные. Любящий постоянно стремится к наполнению этих потребностей, прилагая все свои усилия и возможности. Следовательно, под понятием «любовь» подразумевается процесс насыщения и наполнения другого человека, обеспечивая его тем, чего он желает, и в той мере, в которой он действительно нуждается.

Здесь любовь рассматривается в ее реальном, техническом аспекте. Это взаимодействие может быть описано как чувственное, физическое, душевное, механическое, электрическое соединение, где каждый элемент наполняет и воздействует на другой объект. Вообще чувственные реакции человека, такие как любовь и ненависть, рассматриваются через призму их роли в объединении всех сил природы.

В каббалистическом понимании заповедь «возлюби ближнего как себя» приобретает особый смысл. Она интерпретируется как призыв принять и наполнить желания другого человека, поступая так, словно это твои собственные желания. Более того, нужно любить других даже больше, чем себя.

Поэтому настоящая любовь в каббале — это не эмоциональное привязанность, а активное действие, направленное на наполнение и поддержку других, превышающее заботу о собственных нуждах и интересах. Это высшее выражение любви.

ВИДЕОРОЛИК НА ЭТУ ТЕМУ

ПРИНЦИПЫ ДУХОВНОЙ РАБОТЫ

Этапы слияния с Творцом

Общение с Творцом

В процессе духовного развития человеку важно поддерживать постоянную связь с Творцом. Это означает быть в непрерывном духовном контакте: я — с Творцом, и Он — со мной. Этот постоянный духовный канал обеспечивает гармонию и наполняет жизнь смыслом.

Связи с товарищами в духовной группе имеют свое значение. Они должны быть продуктивными и творческими. Важно, чтобы эти отношения не препятствовали духовному развитию, а наоборот, помогали продвигаться. Таким образом, важно уметь находить баланс между духовной связью с Творцом и общением с товарищами по пути духовного развития.

Мы не чувствуем влияние высших духовных сил на наш мир, потому что степень страданий, которую мы бы испытали, препятствовала бы нашему доступу к Творцу. Тот уровень воздействия, который мы способны перенести, называется «наш мир».

Мы часто думаем, что на нас воздействует множество различных сил и источников и что все происходящее имеет множество причин. На самом деле на нас влияет только одна причина, одна сила, одна мысль, одно желание. Все эти силы возвращают нас к Творцу. Когда мы направляем все эти воздействия к их источнику, к Творцу, мы начинаем познавать Его.

Нам следует научиться оценивать добро и зло не с точки зрения нашего физического тела, а с точки зрения Абсолюта, то есть Творца. Добрым и полезным следует считать только то, что способствует объединению всех частей в общую единую систему, так как именно в этом случае творения смогут ощутить свет Творца.

Вернуть все Творцу

Важно учесть, что существуют три основных элемента: единый источник, тысячи сил воздействия и собственное «я». Чтобы раскрыть Творца, необходимо направить все эти силы обратно к Нему.

В каждый момент времени мы должны пытаться вернуть Творцу все происходящее, наши мысли и ощущения. Этот путь требует времени и усилий, и он продолжается до тех пор, пока мы не начнем осознавать важность Творца.

Иногда может показаться, что эта работа происходит механически, без чувств и истинного желания. Однако даже такой механический процесс, как складывание монеток, приводит к накоплению большой суммы.

Несмотря на пережитые трудности и моменты отчаяния, когда казалось, что страдания не имеют конца и смерть кажется предпочтительней чем такая жизнь, человек в конечном итоге обретает счастье в осознании того, почему Творец так к нему относился. Те болезненные переживания — замешательство, гнев, разочарование, страх — в итоге приводят к глубокому пониманию и благодарности за пройденный путь.

Все, что мы переживаем в жизни, не происходит вне знания Творца, вне Его могущества и вне Его глобального плана. Это понимание приходит к человеку на пороге входа в Высший мир.

Царь Давид в одном из своих псалмов выразил глубокую мысль: «Ахор вэ-кедэм цартани» — «Сзади и спереди Ты объемлешь меня». Это означает, что во всех аспектах жизни, будь то моменты скрытия или раскрытия, — Творец властвует над всем. Все в конечном итоге возвращается к Нему, ибо, как говорится, «Нет места, свободного от Него».

Творец не является некой отдельной силой, действующей по своему усмотрению. Он представляет собой объединяющую силу вселенной, которая охватывает все сущее и пронизывает его собой. Приближаясь к подобию этой вселенской силы, человек начинает ощущать, как его действия, мысли и намерения воздействуют на Творца. Как он становится активным участником в этом взаимодействии, способным приближаться к Творцу, отдаляться от него, и так далее. Таким образом, человек начинает ощущать себя не только объектом воздействия, но и источником влияния на Творца.

Как раскрыть Творца

Для раскрытия Творца необходимо участие в группе, так как других путей к этому нет. Создание группы, в которой участники стремятся к объединению с целью постижения общей управляющей силы вселенной, открывает уникальные возможности. В рамках такого единения мы начинаем исследовать, ощущать и приближаться к этой высшей силе. Группа служит мощным инструментом в этом процессе, предоставляя нам возможность взаимодействовать с Творцом на самом глубоком уровне и осуществлять то, что мы посчитаем нужным для нашего духовного роста и развития.

Я осознаю присутствие одной единственной силы, которая оказывает влияние на меня, используя самые разнообразные каналы: товарищи, семья, правоохранительные органы, медицинские учреждения, государственные структуры, средства массовой информации, родственники, друзья, налоговые службы и даже враги. Все, что окружает меня в жизни, ведет к осознанию этой всепроникающей силы. Она проявляется в каждом моменте моего существования, направляя и стимулируя меня к духовному развитию и пониманию мира вокруг.

Нам важно постоянно возвышать Творца, утверждая, что «Он — первый, и Он — последний». Это означает, что Творец является началом и концом всей причинно-следственной цепочки реальности, в которой мы существуем. В группе мы постоянно напоминаем друг другу об этой истине. Таким образом мы помогаем друг другу сфокусироваться на этой важной идее.

Наша основная задача — всегда быть настроенными на связь с Творцом. Тогда Творец начинает проявлять себя во всем, что нас окружает.

Творец раскрывается в группе

Место, где мы можем установить связь с Творцом, находится в центре нашего сердца. Именно здесь мы должны почувствовать не только Творца, но и себя, весь мир и, что особенно важно, всех наших товарищей и совместные усилия нашей группы.

Для человека, независимо от того, в каком состоянии он находится, крайне важно ощущать себя частью группы. Это ощущение принадлежности к группе позволяет товарищам поддерживать его, не позволяя уклониться или отступить от пути. Благодаря связи с товарищами мы приобретаем новые качества и свойства, которые необходимы для духовного развития.

Пребывание в группе и осознание тесной связи с товарищами позволяют человеку принять правильное решение о том, как двигаться дальше к Творцу. Самое главное — не прекращать ощущение связи с товарищами. В рамках этой связи Творец постепенно все яснее и яснее начинает проявляться.

Намерение

Ценность любого действия определяется его намерением. Когда намерение направлено на «отдачу», человек приближается к Творцу, в то время как намерение «получить» отдаляет его от Творца. Между этими двумя полюсами находится нейтральная точка, где человек сам решает, где ему быть: в духовном или материальном мире.

Правильное намерение — это стремление к сближению наших желаний таким образом, чтобы в них проявился Творец и наполнил их своим присутствием. В духовном мире решающее значение имеет не само действие, а лежащее за ним намерение. Даже если я что-то делаю и проливаю слезы, это еще не значит, что я сделал что-то значимое.

Намерение, направленное на благо других или Творца, называется альтруизмом, или душой. Состояние, в котором действия направлены на личную выгоду, является эгоизмом. Альтруистическое намерение превращает эгоизм в душу.

Творец заложил в основу нашего существа природу получения, то есть эгоизм, и сопроводил это намерением действовать «ради себя». Однако у Творца есть возможность изменить это начальное намерение на намерение «ради других», что является сутью альтруизма. Такое преобразование позволяет нам стать похожими на Творца, переходя от эгоцентрического восприятия мира к гармоничному, духовно развитому состоянию.

Сердце, символизирующее желание, покрыто эгоистическим намерением. Если мы будем «тереться» сердцами, мы сможем снять с них эгоистическую оболочку и открыть намерение отдавать. Таким образом наши сердца смогут наполниться высшим светом.

Степень искренности намерения определяется радостью от действия. Если человек действует вынужденно, это не считается истинным действием в духовном смысле.

После того как общая душа Адама распалась на отдельные части, эти души начали отдаляться друг от друга. Произошло это из-за изменения соединяющего их «клея» Исра-Эль, который первоначально представлял собой намерение отдавать. Этот «клей» превратился в его противоположность — намерение получать. В результате этого изменения осколки общей души Адама в процессе своего духовного развития начали воспринимать Исра-Эль как что-то вредоносное, мешающее их взаимному объединению и сближению.

Мы стремимся подниматься на вершину намерений отдавать, чтобы стать подобными Творцу. Однако каждый раз появляются стражники — наши эгоистические намерения, и они сбрасывают нас с этой вершины. Этот процесс продолжается до тех пор, пока мы не придем к намерению отдачи. Таким образом стражники помогают нам обрести правильное намерение.

Намерение — это своеобразный мост между настоящим и будущим результатом нашего действия.

Это словно жить будущим уже в настоящем. Поэтому важно сосредоточиться и жить именно в этом намерении, держа в уме конечную цель наших действий.

Мы не устраняем эгоизм, а с помощью высшей силы меняем намерение «ради себя» на намерение «ради других», тем самым становясь подобными Природе.

Намерение намного важнее для Творца, чем действия, мысли или желания. Действие считается эгоистическим, если оно не привязано к Творцу. По сути, намерение — это и есть действие.

ВИДЕОРОЛИК НА ЭТУ ТЕМУ ⟶

Тора

Что написано в Торе

> **Бааль Сулам**
> *Заповедь «возлюби ближнего как самого себя» является сутью всей Торы — так что все остальные заповеди лишь разъясняют и толкуют ее, — невозможна для исполнения одним человеком, а только при предварительном согласии всего народа[14].*

Тора представляет собой не просто священный текст — это подробная инструкция, указывающая человеку путь к реализации фундаментального закона «возлюби ближнего как себя». Истории, перипетии, заповеди и наставления, которые содержатся в Торе, являются лишь внешней оболочкой ее глубинного содержания. Для тех, кто не освоил истинную природу этих текстов, они могут казаться сборником этических норм, исторических рассказов, философских идей или религиозных обрядов.

И Тора, и Зоар являются фундаментальными текстами, цель которых — помочь человеку в исправлении его природы от стремления получать к стремлению отдавать.

---

14 Бааль Сулам. Поручительство. Kitvei Baal Hasulam. ARI. Israel. 2009. P. 395.

В чем же заключается разница между этими двумя важными духовными текстами? Бааль Сулам дает такой ответ на этот вопрос:

> **Бааль Сулам**
> *...и займется человек каббалой, поскольку притянуть кроющийся в Торе свет легче занятиями и усилиями в каббале, чем усилиями в открытой Торе.*
> *А смысл этого очень прост: мудрость открытой Торы облачена во внешние материальные одеяния, такие как законы о «краже», «грабительстве», «ущербе» и т. п.;*
> *и поэтому человеку очень трудно и тяжело во время этих занятий настроить разум и сердце на Творца, чтобы притянуть свет, заключенный в Торе*[15].

Освободиться от стигм и догматов, которые накопились в сознании человечества на протяжении многих поколений, представляется невероятно сложной, почти невыполнимой задачей. Тем не менее, согласно утверждениям каббалистов, наступило время, когда необходимо убрать «железную перегородку», отделяющую нас от истинного понимания. Имеет смысл предоставить слово самим каббалистам, чтобы они могли высказать свои мнения о подлинном предназначении Торы, не прибегая к посторонним комментариям и толкованиям.

---

[15] Бааль Сулам. Предисловие к Учению Десяти Сфирот. Kitvei Baal Hasulam. ARI. Israel. 2009. P. 775.

Рамбам
«Тора говорит на языке людей», ибо предназначена она для того, чтобы с нее начинали и ее изучали дети, женщины и весь народ, а они неспособны понять эти вещи в их истинном виде[16].

Книга Зоар
Горе тому человеку, который говорит, что Тора дана для того, чтобы просто рассказывать истории о событиях житейских, об Эсаве, Лаване и тому подобное. Ведь в таком случае даже в наше время мы можем написать Тору о свершающихся событиях, даже более привлекательных, чем те?
Если Тора призвана рассказать о происходящем в мире, то взять даже правящих в мире — случаются между ними вещи более примечательные[17].

Почему была написана Тора

Говорится в Талмуде: «Я создал злое начало (желание), и Я же создал Тору как добавку к нему» («барати ецер ра, барати ло Тора тавлин»). Слово «тавлин» в переводе означает «специя» или «добавка» — то, что делает пищу вкусной и пригодной для употребления. То есть, так же как

---
16 Моше бен Маймон (РАМБАМ). Путеводитель растерянных. «Мосты культуры», Москва. 2003. С. 163.
17 Zohar for All. Kabbalah Publishers. Israel. 2014, vol. 7. P. 109. Книга Зоар.

специи улучшают и обогащают вкус пищи, так и Тора служит необходимым дополнением к злому началу, тем самым помогая преобразовать и очистить его.

Тора, таким образом, представляется не просто как совокупность правил или наставлений, но как ключ к преобразованию самой сути человеческого желания, превращая его из эгоистического в духовное.

Творец, создав зло в виде эгоизма, одновременно предоставил человечеству Тору как инструмент для правильного взаимодействия с этим злом. Сказано, что заповеди были даны для очищения народа Израиля: «Ло натну мицвот, эле лецарэф ба хэм Исраэль». Это означает, что человеку было дано средство для изменения его первозданной эгоистической природы.

В Торе описывается история народа Израиля, который спешно покидает Египет после разрешения фараона. В каббале фараон представляет собой эгоистические желания человека, а народ Израиля — его альтруистические стремления к любви и отдаче. Противостояние этих двух видов желаний вызывает внутренний конфликт, и человек ощущает себя в рабстве фараона, то есть в рабстве своих эгоистических желаний. Эти острые противоречивые ощущения мотивируют его стремление освободиться от этого рабства.

Рабаш

...Моше пришел к народу Израиля и обратился к ступени «Фараон», которая

находится в сердце каждого, то есть к эгоистическому желанию в сердце человека. И сказал, что не желает, чтобы ступень «Фараон» правила над ступенью «Исраэль», но чтобы дала возможность работать ради Творца, а не ради тела[18].

Каждый человек в мире в конечном итоге должен почувствовать, что он в рабстве фараона — олицетворения самого большого эгоистического желания. Поэтому в мире непрерывно, в том или ином виде, раскрывается эгоизм, и одновременно с этим проявляется желание оторваться от него, как на уровне отдельного человека, так и на уровне общества.

В тот момент, когда мы полностью будем солидарны с «Моше»[19], мы сможем объединиться, подобно народу Израиля, и фараон будет вынужден нас отпустить.

После этого приходит особое состояние — «Ям Суф» — Красное море (с ивр. Конечное море). Это последний рубеж материального, эгоистического мира — махсом (ивр. заграждение), условная линия, за которой начинается духовный мир, где царит настоящая свобода, не зависящая от места, времени и расстояния.

> **Хида**
> Хотя Тора и включает в себя все имена Творца, все-таки они облачены в рассказы,

---

18   Рабаш. Пока не пал фараон. 1029.עמ. ב כרך ש"רב כתבי ARI. Israel. 2008.

19   «Моше» происходит от глагола «лимшот» — вытягивать, вытаскивать.

а человек, их читающий, понимает эти рассказы согласно своему простому разуму. Однако Книга Зоар явно содержит в себе сокровенные тайны, и читатель знает, что это тайные секреты Торы, а то, что они не понятны, ускоряет постижение и его глубину[20].

Сама Тора призывает нас: «Попробуйте и убедитесь, как прекрасен Творец!» («Тааму ве рэу ки тов Ашэм»).

Как действует свет Торы

Тора в своей сути представляет собой инструкцию, на иврите — «ораа», направленную на правильное объединение людей. В результате этого объединения проявляется Творец или, иными словами, жизнь — эти два понятия тесно связаны и во многом являются синонимами. Этот процесс можно сравнить с работой организма, который достигает нового уровня существования, когда его клетки находятся в правильном и гармоничном взаимодействии друг с другом.

Тора существует в двух формах: письменной и устной. Письменная Тора представлена нам в виде текстов, которые мы можем читать, изучать и анализировать. Эти тексты содержат основы и предписания. В отличие от письменной, устная Тора передается в личной форме — от учителя к ученику. Этот процесс передачи знаний,

---

20 Хида — р. Хаим Йосеф Давид Азулай (1724–1806). Аводат Кодеш. Вильна 1906. С. 16. П. 44.

известный как «ми пэ эль пэ» («из уст в уста»), подразумевает глубокую связь и взаимопонимание.

Тора, или точнее, свет (на иврите «ор»), который она в себе несет, обладает удивительной способностью помочь человеку освободиться от эгоизма. Однако для того, чтобы этот свет оказал свое действие, необходимо первоначальное осознание человеком своего внутреннего зла. Это означает понимание того, что человек по своей природе эгоист и что именно его эгоизм является корнем его проблем и несчастий. Только осознав свою эгоистическую сущность, человек может эффективно использовать свет Торы для своего духовного исцеления.

Изучение Торы требует определенного подхода: необходимо обладать намерением получить от нее силу для изменения любви к себе на любовь к ближнему. Великий рабби Акива говорил: «Возлюбить ближнего как себя» является главным правилом Торы. Эта мысль подчеркивает, что центральная задача Торы — не просто передача знаний, но духовное преображение человека.

Однако если Тору изучают без правильного намерения, тогда свет, заключенный в Торе, может способствовать подъему эгоизма. В таком случае слова «сам хаим ве сам мавет» («лекарство жизни и смерти») приобретают особый смысл: Тора может стать как источником духовного возрождения, так и усилить эгоизм человека.

ВИДЕОРОЛИК НА ЭТУ ТЕМУ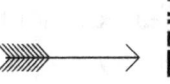

Заповеди

Цель Торы и заповедей

Массы смогут полностью освоить Тору и заповеди лишь тогда, когда они достигнут понимания связи между Высшим миром, системой управления нашим миром и нами самими. Осознание этой глубокой связи между корнем (Высшим миром) и ветвями (нашим миром) приведет к пониманию необходимости соблюдения заповедей как законов природы. Этот процесс, известный как истинное «возвращение» («хазара бе тшува»), является ключом к гармонии и согласию между духовным и материальным мирами.

Мудрецы говорят: «Тора и заповеди даны для того, чтобы очистить тело, то есть желания, доведя их до уровня второй природы — любви к ближнему как к самому себе. Это и есть конечная цель Торы».

Достижение этого состояния, когда человек учится любить других так, как любит себя, является глубоким духовным преобразованием. По мере того, как человек достигает этой стадии в своем развитии, он приближается к слиянию с Творцом, что является вершиной духовного пути.

Если человек занимается исполнением Торы и заповедей без установления в качестве цели — любовь к ближнему, чтобы достичь любви к Творцу, такие действия могут привести к еще большему разделению и разногласию среди народа. В результате вместо сплочения и духовного продвижения такой подход может привести общество и весь мир к усилению страданий и конфликтов.

Истинное выполнение Торы и заповедей возможно только в духе объединения и взаимной поддержки. Это предполагает не просто соблюдение формальных предписаний, но и создание атмосферы общности, где человек стремится к благу других.

Десять заповедей

Десять заповедей представляют собой десять ключевых критериев, которые должны служить основой для формирования нашего внутреннего образа, известного как «Адам» — от слова «домэ», что означает «подобный Творцу». Этот процесс изменения и улучшения наших внутренних свойств является истинным выполнением заповедей.

У человека насчитывается 613 таких свойств, и каждое из них требует своего исправления, соответствующего одной из 613 заповедей. Все эти заповеди можно группировать в десять основных категорий.

В первую очередь Десять заповедей служат для проверки наших желаний в условиях стремления к объединению с другими людьми. Они направлены на оценку и коррекцию наших взаимоотношений, углубление понимания важности взаимного сотрудничества и стремления к духовному единству.

Первая заповедь

«Я — Господь, Бог твой, который вывел тебя из земли египетской».

Эта заповедь занимает ключевое место среди всех заповедей. Она утверждает, что во вселенной действует единственная сила управления — Творец. Эта сила способна поднять человека с животного уровня существования на уровень «человек».

Определение «человек» не связано с достижениями в науке и искусстве. «Человек» здесь определяется как тот, кто достигает понимания и постижения Творца. В отличие от этого, «животное» состояние описывает эгоистическую фазу, когда человек сосредоточен исключительно на себе и своих личных интересах.

Переход от состояния «животного» к состоянию «человек» (Адам) возможен только с помощью высшей силы, именуемой «Творец». Название «Творец» подчеркивает ее способность творить, создавать в человеке новое, духовное состояние, позволяющее преодолеть эгоизм и достичь высшего уровня сознания.

Вторая заповедь

«Не делай себе кумира и никакого изображения»

Позади всех сил, влияний и объектов, всего, что мы можем вообразить, стоит только одна сила. Эту силу невозможно изобразить, но ее можно постичь. Она является силой отдачи, объединения и интеграции, и именно она лежит в основе всего существующего. Если человек думает иначе, значит, он создает себе кумира.

С другой стороны, образы идолов и божеств в некотором смысле способствуют развитию человечества, подобно тому, как детям для их роста и развития необходимы игрушки. Эти символы и образы могут служить промежуточными ступенями в духовном поиске, позволяя постепенно продвигаться к осознанию той единственной истинной силы, которая управляет всем.

В настоящее время наблюдается ускорение процесса духовного развития человека. Постепенно уходят в прошлое различные идолы и кумиры, которым человечество приписывало особое значение, оставляя людей в некотором роде «висеть в воздухе». В этом состоянии неуверенности и поиска на место старых идолов приходят новые, и цикл продолжается. Этот процесс будет повторяться до тех пор, пока человечество не достигнет состояния полного осознания своей абсолютной зависимости от Творца.

В итоге мы сможем окончательно отказаться от всех идолов и образов, которые занимали наше сознание. Тогда человечество, осознав свою глубокую связь с Творцом, обретет истинную свободу.

Третья заповедь
«Не произносить имя Господа попусту»

Заповедь несет в себе глубокий смысл. Имя Творца не произносится не потому, что это табу, а потому что его невозможно выразить с помощью слова или написания. Суть этого имени заключается в том, что оно проявляется внутри нас, в наших духовных ощущениях и переживаниях. Поэтому запрет на произнесение имени Творца подчеркивает невозможность словесного выражения глубины духовных переживаний. Произношение имени Творца не передаст его сущности и не даст понимания тем, кто его слышит.

Эта заповедь напоминает нам о том, что истинное понимание и отношение к Творцу скрыты за пределами слов и являются делом внутреннего духовного опыта.

Заповедь «Не произносить имя (Б-га) попусту» подчеркивает, что нельзя использовать силу Творца для достижения эгоистических целей. Творец является абсолютно альтруистической силой, воплощением свойства отдачи. Поэтому любая попытка молиться, требовать или использовать Его имя для эгоистических интересов обречена на провал. Действительно, подобные действия отдаляют человека от Творца, а это отдаление и есть то, что в духовном смысле можно назвать «наказанием».

Эта заповедь учит нас, что настоящее духовное общение с Творцом возможно только при отсутствии эгоистических мотивов. Только альтруистическое стремление и искреннее желание отдавать, а не получать позволяют нам находиться в гармонии с истинной природой Творца.

Творец представляет собой абсолютное совершенство, на которое невозможно оказать никакого влияния с нашей стороны. Он стоит за пределами наших попыток эгоистического воздействия. Единственное допустимое и возможное применение взаимодействия с Творцом — это использование Его силы для духовного исправления. Творец служит не источником для удовлетворения наших эгоистических желаний, а силой для нашего внутреннего преобразования, направленного на достижение альтруистических идеалов и духовного совершенства.

Четвертая заповедь
«Помни день субботний, чтобы святить его»

В структуре мира присутствует цикличность. В рамках недельного цикла каждый седьмой день выступает как период отдыха, когда все мироздание, словно замирая, вступает в фазу покоя. Этот день служит временем перерыва между повседневной рутиной и трудовой деятельностью, когда человек и природа получают возможность восстановиться и обновиться. После этого времени отдыха и остановки мироздание как бы вновь запускается, начиная новый цикл активности и развития.

Эта цикличность является важным аспектом устойчивости и гармонии в мире, позволяя всем его составляющим, включая человека, поддерживать баланс и ритм жизни.

Сказано, что в течение шести дней Творец работал, а на седьмой день отдыхал. Это послужило появлением принципа, что и люди должны шесть дней работать и на седьмой день отдыхать. Однако под словом «работать» в данном случае не подразумевается деятельность в том же смысле, в каком это делал Творец.

Работа человека в течение шести дней недели представляет собой все его земные занятия, усилия, направленные на улучшение и поддержание материальной жизни. Между тем как седьмой день, день отдыха, предназначен для духовного обновления, размышлений и укрепления связи с высшими духовными ценностями.

Работа Творца определяется шестью категориями: хэсэд, гвура, тифэрэт, нэцах, ход и есод.

Наша человеческая работа заключается в видоизменении себя в соответствии с этими шестью категориями. Мы стремимся внутренне преобразовываться, следуя этим духовным направлениям. Когда мы завершаем эту работу, наступает последняя, седьмая категория — малхут. Эта фаза реализуется в нас самостоятельно. В этот период важно не вмешиваться и не мешать естественному процессу внутреннего раскрытия и реализации.

Седьмая сила начинает действовать в «Шаббат» (от слова «швита», означающего остановку работы). Шаббат, или седьмая ступень, представляет собой кульминацию и сумму предшествующих шести ступеней. Она является результатом их интеграции и взаимодействия.

Пятая заповедь
«Почитай отца твоего и мать твою»

Творец — это высшая сила. Далее следуют две последующие ступени: хохма (отец) и бина (мать). За ними идут шесть производных сил, составляющих зэир анпин: хэсэд, гвура, тифэрэт, нэцах, ход, есод. В конце творения — сфира малхут.

Под фразой «почитай отца своего и мать свою» подразумевается, что надо дать хохме и бине возможность передать все, что необходимо шести сфирот зэир анпина.

«Почитать» — то есть ждать, когда хохма и бина проявятся в творении. Хохма и бина — отец и мать — находятся выше творения. С их помощью высшая сила творит. Поэтому отцом и матерью создаются шесть сфирот зэир анпина, которые практически формируют творение.

«Почитать отца и мать» — это значит дать этим силам возможность действовать в нас. Как в нашем мире: разве зародыш и даже маленький ребенок могут что-то сами? За них все делают родители. Человек в нашем мире должен дать возможность высшим силам действовать, формировать его.

Шестая заповедь
«Не убивай»

«Не убивай» — значит не приноси вред другому.

«Не убивать» — означает не использовать желание ради себя.

Если я использую связь с Творцом ради себя, то это называется «убийство», поскольку я убиваю свое желание. Точнее, мое желание наполняется наслаждением, которое в итоге убивает это желание, и оно исчезает. Происходит аннигиляция.

Седьмая заповедь
«Не прелюбодействуй»

Это то же самое, только в другом виде: не используй свои связи с другими ради себя.

Любовь называется отдачей, а прелюбодействовать — действовать только ради себя.

Восьмая заповедь
«Не укради»

Восьмая заповедь — «не укради» — это почти то же самое, что и «не прелюбодействуй». Разница в том, что «прелюбодействовать» относится к животному уровню, а кража – к неживому. То есть это разный уровень желаний.

В человеке есть четыре уровня желаний. «Прелюбодействовать» относится к человеческому уровню желаний, в то время как «не укради» распространяется на все остальные уровни: неживой, растительный и животный.

Девятая заповедь
«Не произноси ложного свидетельства»

Этим ты создаешь совершенно новые условия в мире. Ложные условия, словно ложные параметры, приводят к искажениям в соответствии сил мира. Человек вместо того, чтобы продвигаться в направлении к Творцу, удаляется от Него.

Десятая заповедь
«Не желай дома ближнего твоего; не желай жены ближнего, ни раба, ни рабыни, ни вола, ни осла...»

Здесь как бы все собирается вместе. Человек должен четко понять, что он в мире не хозяин.

Все, что есть у тебя, на самом деле не твое, поэтому ты не можешь ничего желать.

В итоге работай со своими желаниями только на отдачу. Если ты к этому придешь, значит, станешь человеком.

«Не возжелай жены ближнего своего» — это значит, что ты обязан достичь такого состояния, когда изначально эгоистическое желание переделываешь на альтруистическое, полностью достигаешь свойства отдачи, называемое «получение ради отдачи», и все это огромное бесконечное желание становится «твоей женой».

Желать «жену ближнего» означает получать ради себя. Если ты направлен на Творца, то любые желания, которые направлены не на Него, являются запретными.

Этой заповеди соответствует акт Творения: «Нехорошо человеку быть одному». Если ты хочешь достичь Творца, ты не можешь быть один. Ты должен подключить к себе, к свойству «Адам», все огромное желание, которое называется женским. И только совместив экран с желанием, ты полностью уподобляешься Творцу.

Об этом и сказано: «Муж и жена, и Творец между ними», т. е. состояние, когда совмещаются эти два противоположных свойства, и Творец наполняет сосуд души.

Ведь десять заповедей Торы располагаются на уровне десяти сфирот. Заповедь «не желай жены ближнего своего» — главная из них, потому что касается самого низкого внутреннего эгоистического свойства. Кстати, она не имеет никакого отношения к эгоизму в нашем мире и к физическим аспектам между полами.

Речь идет о том, каким образом можно максимально направить наш эгоизм с намерением ради отдачи на общую связь между нами на высшем уровне, где уже нет никакого гендерного разделения. Ведь мужчины и женщины — это желания и намерения, а не материальные объекты.

Две заповеди: получение и отдача

Бааль Сулам

«Если смотреть в целом, мы должны заниматься в обществе только двумя заповедями, которые можно определить словами «получение» и «отдача»[21].

В природе присутствуют только два основных принципа: плюс и минус. Однако когда эти принципы начинают влиять на отношения между людьми, они создают сложную систему взаимодействий, описываемую как «получение» и «отдача». На практике это приводит к формированию множества условий и правил, которые регулируют взаимодействия каждого человека с окружающими.

Основная идея, изложенная в Торе, заключается в том, чтобы совместить эти два принципа в единую систему. Рабби Акива дал дополнительный уровень понимания, говоря, что существует одна главная заповедь: «Возлюби ближнего, как самого себя». Эта заповедь превосходит другие, потому что она подразумевает, что и получение,

---

21 Бааль Сулам. Мир. Kitvei Baal Hasulam. ARI. Israel. 2009. P. 407.

и отдача должны осуществляться исключительно ради блага других людей.

От заповедей — к поручительству

Получение Торы и исполнение всех заповедей заключается в выполнении закона поручительства. Поэтому люди с точкой в сердце, стремящиеся постичь суть жизни, стараются объединиться. Тогда перед ними вырастает гора ненависти, и они ощущают свою неспособность приблизиться друг к другу. Исключительно в этот момент они раскрывают, что существует сила, которая может помочь им достичь единства, объединения, любви. Эта сила называется «Тора», а их постепенно усиливающееся объединение называется «заповеди».

Невозможно выполнить ни одну, даже самую легкую заповедь без взаимного включения. То есть никто не может совершить ни одного исправления в одиночку, поскольку суть исправления заключается в соединении с другими.

Человек должен заботиться о своей десятке и обо всей душе Адама Ришон. Он должен выполнять заповеди, то есть восстанавливать связи между всеми, вплоть до полного объединения и любви к ближнему, как к самому себе. И все это с помощью света, возвращающего к источнику, который называется Тора.

ВИДЕОРОЛИК НА ЭТУ ТЕМУ

Взаимное поручительство

От взаимного поручительства — к Торе

Моше поднял выше всех других ценностей — взаимоотношения между людьми. Провозглашенные им тогда ценности все как одна актуальны, хотя и трудновыполнимы: «возлюби ближнего, как самого себя», «станьте как один человек с единым сердцем», «поручитесь друг за друга».

Тору еврейский народ получил после того, как согласился объединиться. Однако он объединился не как все остальные народы, на основе языка, религии или общей территории, а, как ни странно это звучит, поручившись друг за друга.

Без поручительства не может быть настоящего объединения. Принцип взаимного поручительства заключается в осознании того, что благополучие каждого из нас и благополучие общества в целом — это одно и то же.

> **Бааль Сулам**
> *И только после того, как весь народ согласился, и как один воскликнули: «Сделаем и услышим», — ведь тогда каждый из народа Израиля сделался ответственным за то, чтобы никто из народа ни в чем*

не нуждался, — только тогда стали они пригодны для получения Торы, и не раньше. Ведь это всеобщее поручительство освободило каждого от любых забот о потребностях своего тела, и для него стало возможным полностью выполнить заповедь «возлюби ближнего своего как самого себя» и отдать все, что имеешь, любому нуждающемуся, так как он больше не заботится о потребностях своего тела, поскольку знает и уверен в том, что шестьсот тысяч преданно любящих его находятся рядом, готовые все для него сделать в любую секунду[22].

Взаимное поручительство — это когда я могу перестать заботиться о своих самых насущных потребностях, освободиться от заботы о себе. Почему? Потому что все остальные заботятся обо мне. А я забочусь о них. Так же, как в семье.

Взаимное поручительство включает в себя особые состояния: ощущение вечности, совершенства, взаимной поддержки, взаимного участия. То есть это совершенно противоположно тому, что мы обычно ощущаем в нашем мире.

Только те, кто готов поручиться друг за друга ради общей цели, могут получить свет, находящийся в Торе.

Каждый несет ответственность за создание единой сети, которая объединяет всех вместе, чтобы в ней распространялось свойство отдачи и любви.

---

[22] Бааль Сулам. Поручительство. Kitvei Baal Hasulam. ARI. Israel. 2009. P. 392.

Мы действуем в соответствии с нашим положением в этой сети, подобно паукам, которые ткут свою паутину. Каждый из нас — маленький паучок, от которого зависит правильное функционирование всех ячеек системы.

Этот процесс разворачивается в группе, где люди собираются вместе, стремясь воплотить между собой заботу, любовь и взаимопомощь.

Взаимное поручительство для всего мира

Все люди, все народы должны достичь этой высокой цели. Это зависит от нашей способности преодолевать преграды, разделяющие и отдаляющие нас. Все различия, которые мы обнаруживаем в пути, должны превратиться в силы объединения. Как сказано: «Тьма воссияет как свет».

Именно различия и силы противостояния, которые пока кажутся непреодолимыми, в конечном итоге обернутся своей противоположностью. Они станут основой мощного соединения и крепких связей, благодаря которым мы почувствуем себя единым целым. В этой единой системе каждый будет поддерживать всех, как единственное целое, создавая состояние, в котором мы все будем объединены в одном сердце. Это будет система, где взаимоподдержка и взаимозависимость позволят нам ощутить истинное единство.

Бааль Сулам
Мудрец образно объяснил суть поручительства притчей о двух людях, плывущих в лодке.

Один из них начал сверлить под собой отверстие. Сказал ему товарищ: «Почему ты сверлишь?» Ответил тот: «Какое тебе дело? Я же сверлю дыру под собой, а не под тобой!» Ответил ему товарищ: «Глупец! Ведь мы утонем в этой лодке вместе»[23].

Если бы сегодня человечество достигло единства, это привело бы к грандиозным положительным изменениям во всей Вселенной. Вся природа начала бы объединяться, формируя единую всеобъемлющую систему. Такое глобальное объединение человечества стало бы катализатором для гармонизации всех элементов природы, приводя к синергии и взаимосвязи на уровне всей планеты и даже за ее пределами.

Пирамида поручительства охватывает неживой, растительный, животный и человеческий уровни. Когда на человеческом уровне устанавливается связь, она способна привести всю вселенную к состоянию единства.

В самом сердце этой гармонии раскроется Творец как единственная сила, наполняющая и охватывающая все творение.

В конечном счете установление связей между людьми на основе взаимного поручительства станет ключом к раскрытию духовных измерений и возобновлению нашей связи с Творцом.

ВИДЕОРОЛИК НА ЭТУ ТЕМУ

---

[23] Бааль Сулам. Поручительство. Kitvei Baal Hasulam. ARI. Israel. 2009. P. 393.

Десятка

Границы ощущения десятки определяются теми людьми, с которыми я регулярно занимаюсь учебой, распространением знаний и всеми другими совместными действиями. Мы исследуем пути сближения друг с другом, изучаем методику взаимной отмены, а также то, что это должно принести.

Десятка на самом деле является моей внутренней структурой, которая отражает строение души.

Каждый шаг на пути сближения с десяткой представляет собой серьезное действие. Нам часто не хватает желания поддерживать друг друга ни на уровне разума, ни на уровне сердца. Однако именно наша упорная и последовательная работа, нацеленная на желание объединиться в круг, постепенно приводит нас к настоящему единству.

Такое объединение, основанное на использовании сил сближения и отталкивания, называется «Шхина». Мы строим ее с надеждой на то, что в конечном счете в нее войдут все создания, живущие в мире.

Этот процесс направлен на достижение полного объединения, известного как Окончательное Исправление всех душ.

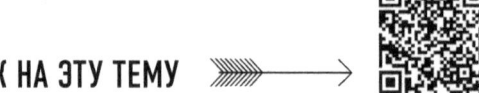

ВИДЕОРОЛИК НА ЭТУ ТЕМУ

Подъемы и падения

Этапы духовного роста

Понятия «подъемы» и «падения» следует оценивать относительно цели творения, а не из субъективных ощущений «приятно — неприятно».

В нашем мире мы оцениваем подъемы и падения исходя из того, больше мы получили или меньше, испытали ли мы успех или неудачу. Однако в духовном мире критерии совершенно иные: смогли ли мы приблизиться к свойству отдачи или, наоборот, удалились от него.

Существует выражение: «Когда Израиль в изгнании, Творец с ними» («Исраэль ше галу, шхина имахэм»). Это означает, что когда человек переживает апатию и чувство отчаяния, ему может казаться, что и в духовной жизни нет ничего привлекательного. Такое состояние связано с нахождением в духовном изгнании (галут). В такие моменты человек не ощущает Творца, хотя, по сути, Он всегда с ним.

Духовные падения даются свыше как необходимый этап для последующего духовного роста. Они настигают человека внезапно, проявляясь в одно мгновение и зачастую заставая его неготовым. В то же время процесс возврата часто протекает медленно. Эти периоды падения и подъемов являются важной частью духовного пути.

Как указывает Бааль Сулам, важно научиться радоваться падениям, поскольку они представляют собой раскрытие скрытых внутри нас недостатков. Каждое такое падение дает нам возможность увидеть и исправить те части нашей души, которые еще нуждаются в духовном совершенствовании. Таким образом, падения становятся важными уроками, ведущими нас к духовному росту.

Падения происходят вследствие увеличения келим (сосудов) и авиюта (толщины желания), и они предназначены для будущих подъемов. Когда человек переживает падение, это является признаком того, что он уже достиг определенного уровня подготовки для следующего духовного подъема.

Рабаш
Человек должен знать, что эти падения даны ему, чтобы из них научиться ценить состояния подъема[24].

Падения и подъемы после махсома

Даже если человек перешел барьер между двумя мирами, который называется «махсом», он все равно должен прикладывать постоянные анти-эгоистические усилия. Это особые, внутренние усилия, когда привлекается высший свет и он создает в человеке новое свойство.

Просто так, автоматически, существовать в состоянии отдачи невозможно. Для этого требуются

---

24 Рабаш. Что означает, что именно в канун Песаха задают четыре вопроса. 880.ע.ב כרך כתבי רב"ש ARI. Israel. 2008.

сознательные усилия, ведь без них легко возможен возврат к эгоизму, который является нашим естественным свойством. Важно воспринимать такие состояния как образ жизни, и тогда все получится.

Человек постепенно приходит к пониманию, что существует не только наш материальный мир с его падениями и подъемами. Кроме него существует другая реальность, иной мир, в котором происходят аналогичные процессы, но они осуществляются в совершенно других категориях.

В духовном мире возникают вопросы совершенно иной природы, такие как «Способен ли я на постоянную отдачу?», «Возможно ли мне непрерывно находиться над своим эгоизмом?», «Сумею ли я освободиться от власти фараона, то есть своего эгоизма, и покинуть Египет?»

В этот момент человек осознает, что только Творец может помочь преодолеть все препятствия, и начинает обращаться к нему с просьбами.

После длительного периода таких усилий и обращений к Творцу наступает момент, когда свет исправляет человека, открывая ему ощущение духовного мира с его свойствами отдачи и любви.

Рабаш
Невозможно спасение, если прежде не было изгнания[25].

---

25 Рабаш. Суть изгнания. 1637.עמ.ג כרך רב"ש כתבי ARI. Israel. 2008.

Уровни подъемов

Подъемы в духовном развитии могут происходить на разных ступенях: неживом, растительном, животном и человеческом. Каждый из этих уровней представляет собой различные этапы и глубину духовного роста.

Состояния падений являются необходимой частью духовного пути. Недаром сказано: «Из Циона выйдет Тора», именно благодаря этим падениям (ециот) проявляется Тора как высший свет.

Опыт, приобретенный в прошлых падениях и подъемах, позволяет нам воспринимать падения более осознанно. Это осознание приводит к тому, что человек удостаивается подъема на более высокий уровень. Таким образом, каждое падение не просто препятствие, а шаг к более глубокому пониманию и духовному возвышению.

Рабаш
*Когда изгнание раскрывается во всей
своей мере, начинается избавление.
И это показывает нам порядок изгнания
и избавления, которые были тогда в Египте.
И этот порядок мы должны продолжать
до Окончательного Исправления*[26].

Продолжительность падений

Духовные падения могут быть кратковременными, длиться всего несколько минут или затягиваться

---

[26] Рабаш. Исход из Египта. 2089.עמ כרך ג' כתבי רב"ש ARI. Israel. 2008.

на часы, дни, а иногда, особенно на начальных этапах, даже на несколько месяцев.

Для ускорения этих процессов необходима активная групповая работа, а также индивидуальные усилия человека. В результате этих совместных усилий изменения внутри человека, включая подъемы и падения, начинают происходить с удивительной скоростью. Они могут сменять друг друга каждую минуту, а со временем — и каждую секунду. Человек оказывается в центре непрекращающегося духовного урагана, который непрерывно несет его вперед, внося новые и новые изменения в его внутренний мир.

Духовное падение может продолжаться даже мгновение. Каббалисты описывают смену до 400 различных состояний в течение всего пяти минут. Вовлечение в групповую работу и активность в области распространения знаний ускоряет смену состояний. Эту смену ощущений отрабатывают духовные гены («решимот»), информационные записи.

Крайне важно осознавать, что все, что мы ощущаем, исходит из Творца, поскольку: «нет никого, кроме Него». Это понимание ведет к уверенности в том, что все направлено на наше духовное совершенствование, ведь «Творец добр, творящий только добро».

ВИДЕОРОЛИК НА ЭТУ ТЕМУ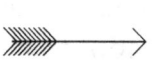

Вера выше знания

Вера

Вера в духовном смысле — это не вера в нашем эгоистическом мире. В нашем мире вера является прежде всего психологическим феноменом. Она заключается в безоговорочном принятии определенных утверждений как истины, несмотря на отсутствие непосредственных доказательств. Например, религиозные люди принимают существование высшей силы как данность, в то время как нерелигиозные люди убеждены в ее отсутствии. Обе позиции представляют собой форму веры, поскольку они основаны на убеждениях, принятых без прямых доказательств или подтверждения опытом.

Как у религиозных, так и у нерелигиозных людей не возникает мысли о том, что высшая сила постижима и что это понимание доступно человеку. В науке каббала вера рассматривается как сила, влекущая человека к Творцу, направляющая его снизу вверх. Эта способность позволяет человеку интерпретировать все, что с ним происходит, как указания к следующему уровню развития, к взаимодействию с определенной силой, которая таким образом постепенно его формирует и воспитывает. Без веры невозможно совершить даже малейший шаг в направлении к цели творения. Это схоже с выходом в открытый космос, где за пределами земного притяжения открываются необъятные просторы вселенной.

В каббале свойство веры — это самое возвышенное свойство. Оно позволяет нам начать ощущать себя подобным Творцу. Веру нельзя передать другому человеку или продемонстрировать ее. Возможно лишь посоветовать действия, которые помогут достичь более высокого уровня веры.

Основной закон духовного мира — абсолютный альтруизм. Отсюда вера — это свойство отдачи, свойство бины.

Вера не знает границ и не поддается ограничениям. Вера не ограничивается келим внутри нас, она также включает в себя келим, которые мы находим вне себя. Вне нас — это бесконечность, Творец. Мы — всего лишь точки в этой бесконечности.

Как человек может обрести это свойство? Каббалисты предлагают способ, который называется «эмуна миаль даат» — вера выше разума.

Как прийти к вере выше знания

Мы воспринимаем мир с помощью наших органов чувств. Но есть что-то большее за этими ощущениями, что-то, что дает им глубинный смысл, и это то, что постигает человек.

Высшая сила скрыта от нас, но иногда она показывает себя так, что мы начинаем замечать ее. Это происходит, когда человек прилагает определенные усилия. Так он достигает уровня, который называется «вера выше знания».

«Вера выше знания» переворачивает наше понимание реальности. Это, по сути, переход на новый уровень осознания, где вы начинаете воспринимать духовный мир как более важный и реальный, чем наш материальный мир. Вера выше знания — это и есть постижение.

Состояние «вера выше знания» приходит к человеку после длительного и усердного труда. Это начинается с понимания того, что говорит каббала о нашем и духовном мире. С помощью специальных упражнений человек постепенно начинает ощущать, что все происходящее с ним управляется высшей силой, высшим разумом, высшей волей. Он осознает, что все следует некой заранее заданной программе, которую можно назвать желанием или планом Творца. В результате человек приходит к выводу, что его основная задача в этом мире — связывать все свои переживания и ощущения с Творцом.

Все, что происходит вокруг, человек начинает приписывать действию высшей силы. Но это не просто потому, что так написано в книгах; он действительно начинает чувствовать, что присутствуют определенная направленность, глубокий смысл и конечная цель.

Обычно человек начинает переживать различные неприятные чувства: страхи, угрозы своему эгоизму, гордыне, самоуважению. Он ощущает враждебность мира, исходящую из разных источников. Но сквозь все эти проблемы он начинает видеть определенную систему сил под названием «Творец».

«Вера выше знания» представляет собой свойство Бины, или «свойство отдачи», которое поднимается над малхут, или «свойством получения». Другими словами, желание отдавать поднимается над желанием получать. По этому принципу мы функционируем в духовном мире.

С каждым усилием, направленным на преодоление своих эгоистических желаний, человек приобретает все больше келим для получения веры. Так человек создает в себе образ Творца. Он становится «человеком», или Адамом, что означает «подобный Творцу». И это происходит благодаря вере выше знания.

Мы создаем новый разум и новые чувства, включая различные формы взаимосвязей между нами. Здесь важен принцип «да поможет человек своему ближнему»: когда мы выходим из своего эгоизма и идем навстречу друг другу, тогда мы открываем уровень веры, который означает отдачу другим. Это ступень «выше знания» то есть выше эгоистического ощущения лишь собственного «я».

В конечном итоге я должен почувствовать присутствие всех вокруг, исключая себя: как будто мое «я» не существует, а существуют все, кроме меня. И тогда я начну ощущать в этих других людях высшую силу, Творца.

ВИДЕОРОЛИК НА ЭТУ ТЕМУ

Молитва

Молитва — это жгучее желание

Молитва представляет собой обращение к Творцу, известное как «подъем МАН», или «мэй нуквин» — «женские воды». Это глубокое и искреннее желание человека, которое он отправляет к Творцу. Молитва является настоящей просьбой человека к Творцу, просьбой, которую Творец ожидает и на которую дает ответ. Таким образом, молитва становится каналом связи между человеком и Творцом.

Не следует думать, что молитва принадлежит исключительно человеку. В своем молчаливом существовании неживая природа, растения и животные также постоянно находятся в состоянии молитвы. Однако их молитвы гармонично вплетены в ткань природы, ведь изначально известно, чего желает камень, растение или животное. Их стремления не требуют особенного проявления, они функционируют на инстинктивном, автоматическом уровне.

Человеку дана свобода воли, чтобы он мог сознательно работать над своей молитвой. Насколько хорошо он организует свою молитву, чтобы она соответствовала тому, что Творец хочет ему дать, настолько успешно он сможет установить связь с Творцом. Это взаимоотношение можно описать словами: «Я стремлюсь к Любимому, и Любимый стремится ко мне».

Творец заранее готовит ответ человеку и этим пробуждает его к молитве. Человеку же важно найти правильную молитву, чтобы открыть путь для ответа и помощи Творца. В результате между ними возникает взаимная связь.

Когда мы молимся, Творец уже начинает помогать нам. Фактически когда Он пробуждает нас к молитве, это уже является Его помощью, как сказано: «Только позовите, и Я отвечу».

Истинная просьба заключается в желании стать подобным Творцу, и больше ничего. Нет нужды просить прощения, так как Творец является абсолютом. Когда я обращаюсь к Нему с просьбой о прощении, я, по сути, обращаюсь к самому себе. Затем я благодарю Творца за его помощь, но и в этом случае я фактически обращаюсь к себе. Ведь Творец — это абсолютное свойство отдачи и любви, которое мы можем активизировать, но только в той мере, в какой стремимся стать подобными Ему.

Рабаш

Молитва — это работа в сердце. Человек должен решить сам, что он хочет, чтобы Творец дал ему желание отказаться от всего, то есть чтобы не оставалось в его власти никакого желания, а все его желания были бы направлены на возвеличивание Творца[27].

---

27 Рабаш. Письмо 65. 1533.מע.ב כרך כתבי רב"ש ARI. Israel. 2008.

Молитва — просьба о невозможном

Молитва, по своей сути, — просьба о невозможном, о том, что может дать лишь Творец. Житель этого мира, эгоист, просит стать альтруистом, жителем Высшего мира, при этом считая, что не заслуживает этого. Иные молитвы Творец не слышит, потому что Он — отдача и любовь, и лишь об этом можно просить.

История человечества доказывает, что Бога, которого просят обо всем, не существует. Есть Творец, исправляющий эгоизм. Чтобы достичь духовного совершенства, Его можно просить только об изменении собственного эгоизма.

Каббала говорит, что молитва предназначена для блага других, и когда человек молится за себя (что для обычного человека совершенно естественно), это рассматривается как грех.

Когда человек ограничивает свои мысли только собой, он отделяет себя от окружающих. Это разделение отдаляет его от Творца, который видит нас как единое целое, такими, какими мы были до нашего разделения.

Само по себе чувство эгоизма, данное нам Творцом, создает у нас впечатление собственной индивидуальности, отделенности от остальных. Однако Творец не принимает во внимание индивидуальные действия.

Как сказано: «От любви к творениям — к любви к Творцу». Творец даровал нам ощущение множества других людей вокруг нас, но мы должны эту иллюзию разрушить и попросить Творца объединить этот мир внутри нас.

Молитва за всех

Для того чтобы прийти к общей молитве, молитве за всех, чтобы стать одним целым, нужно пройти очень сложные состояния внутреннего поиска и понять, что:
1. духовная цель важнее всех прочих целей;
2. эту цель нельзя достичь в одиночку; она может быть достигнута только путем объединения частных стремлений в единую цель. Только такая просьба, молитва, может быть «услышана» и вызвать исправляющее действие высшего света. Тогда молитва многих превратится в подлинную молитву одного.

Главное — это обращение к Творцу. Представляйте себе наш мир, наполненный Творцом. Действуйте так, будто вы находитесь внутри Него. Просите Творца, чтобы помог подняться выше того, что мы видим в себе и в нашем мире. Просьба видеть своих товарищей совершенными — самая лучшая молитва.

Молиться о товарище — это значит сделать сокращение на свои желания и мысли о собственных проблемах. Проникнуться желаниями товарища и просить о них. Это и будет действие «ради отдачи», выше моего собственного желания.

Сама учеба, когда человек читает первоисточники, тексты, даже не очень понимая их, уже является молитвой.

Когда мы учимся и стараемся понять, осмыслить и почувствовать что-то глубокое, мы фактически вступаем во взаимодействие с Творцом. Наша цель — почувствовать Его присутствие, приблизиться к Нему. Наука каббала — это путь к раскрытию Творца.

Желательно также просто читать молитвы, которые составили другие каббалисты несколько тысяч лет назад. В них они выразили свои ощущения, действия, постижения, в которые мы включаемся во время чтения.

ВИДЕОРОЛИК НА ЭТУ ТЕМУ

Молчание

Молчание в субботу

Именно от каббалистов в мир вошел этот обычай молчания. Он используется как упражнение во всевозможных техниках, не относящихся к нашему пути, а также в сфере психологии.

Когда человек хочет осмыслить что-то новое и сосредоточиться на этом, ему надо уединиться. Можно уйти куда-нибудь в отдаленное место — это будет физическое уединение. Можно также уединиться внутренне. То есть, несмотря на присутствие других людей, я нахожу в себе некий объем и прячусь там от чужих глаз. Такое действие называется «обет молчания» (воздержание от разговоров).

Есть особые периоды, когда углубляются в изучение Торы, больше погружаются в материал, проводят различные посты. Эти средства выводят человека из привычного распорядка, из рутины. Они помогают ему немного иначе взглянуть на жизнь, на себя и позволяют сосредоточиться — внутренне сфокусироваться.

«Тихая суббота» не подразумевает полное молчание, но в этот день обсуждения касаются исключительно учебного материала и его значимости. Беседы происходят только в случае необходимости. Если такой необходимости нет, то предпочтение отдается размышлениям.

Слова обнажают душу человека, раскрывают сокровенные тайники его сердца, поэтому не стоит говорить, если не уверены, что это идет на пользу исправления.

Концентрация в мысли, внутреннее сосредоточение влияют на мир гораздо более эффективно, чем слова. Ведь мысль — сила уровнем выше, чем речь. С нее начинается цепочка «мысль — речь — действие». Минимизировав разговоры, мы сможем подняться на более высокую ступень отдачи.

Молчание — разговор сердец

В молчании человек способен глубже размышлять о величии Творца и установить более тесную связь с Ним, чем в беседе. Мы стремимся передать друг другу, от одного товарища к другому, непосредственно, без слов то, что наполняет наши сердца. Когда мы делимся чем-то искренним и сокровенным, в эпицентре нашего молчания всегда находится сердце.

Попытайтесь услышать, что говорит сердце вашего товарища, и вы действительно услышите его. Попробуйте и убедитесь в возможности этого. Нет необходимости в словах, в извлечении мыслей из уст — достаточно просто выразить то, что исходит из глубины сердца. Это и есть «раскрытие сердца перед товарищем», и тогда можно ожидать, что и товарищ, в свою очередь, раскроет свое сердце перед вами.

Если мы раскроем свои сердца, тогда, несомненно, ощутим между нами настоящее глубокое внутреннее единение, а также связь с Творцом.

Исправление не происходит с помощью слов

Рабаш

Сказали наши мудрецы (трактат Хулин, 89): «Мир существует ради того, кто сдерживает себя во время ссоры». И следует понять это — если человек не сдерживает себя, а отвечает другому во время ссоры, из-за этого мир не может существовать[28].

Известно, что человек, который сдерживается во время ссоры и хранит молчание, даже когда на него нападают или проклинают, — таким образом помогает поддерживать мир.

Это важный урок, который нам не следует забывать. Когда у меня нет ответа, я предпочту молчать. Именно так, сохраняя молчание, я одерживаю победу.

В моменты молчания мы превращаем наши чувства и ощущения в мысли. Способность человека сдерживать себя, сохранять молчание, не отвечать и не реагировать является высшим проявлением его силы и мудрости.

Исправления в нашей жизни происходят не с помощью слов, а в наших чувствах, в тонких связях между людьми. Именно там, где происходит взаимное соединение желаний, осуществляются настоящие изменения. Поэтому не так важно, молчит человек или говорит. Отличие заключается в том, что говорящий

---

[28] Рабаш. Статья 31. Что означает, что нельзя обучать Торе идолопоклонников, в духовной работе. כתבי רב"ש כרך ב. עמ.926 ARI. Israel. 2008.

часто полагает, что с помощью слов может уладить ситуацию, хотя на деле это не всегда так.

Мы наблюдаем, что даже в повседневной жизни слова не всегда помогают нам найти общий язык. Как говорится, что не делает разум, делает время. Поэтому молчание бывает предпочтительнее: оно позволяет нашей внутренней силе установить связи и наладить то, что необходимо. Попробуйте и убедитесь в эффективности этого подхода.

В каббале медитация — это молитва. Она может быть использована для того, чтобы помочь людям сблизиться и установить глубокие связи.

Когда говорить, а когда молчать

Если разговор способствует единству, тогда, безусловно, стоит говорить. Однако когда слова могут помешать сближению людей, предпочтительнее сохранять молчание. Важно стремиться в молчании преодолеть наши разногласия и подняться выше них. Тогда приходит понимание того, что будет на следующем этапе нашего взаимодействия и развития.

Мы все взаимосвязаны, поэтому передача наших внутренних посланий происходит от сердца к сердцу. Очень важно осознавать, что мы думаем и что намереваемся сказать, до того, как мы это выразим словами. Так же, как молчание воздействует на наши чувства, так и наши чувства влияют на наше молчание. Это взаимодействие между мыслями, чувствами и словами создает глубокую связь между нами.

Если вы не чувствуете связи с товарищами, лучше воздержаться от разговора. Как гласит выражение, «от слов его душа покинула меня». Это означает, что человек, произносящий слова, раскрывает свою душу, и это может ему навредить.

Не думайте, что молчание это просто отсутствие слов. На самом деле наше сердце продолжает «говорить» и влиять, даже когда мы молчим. Сердце является центром наших желаний, которыми мы и оказываем воздействие друг на друга. Необходимо настроить наше сердце так, чтобы оно было в гармонии со всеми остальными сердцами и направлено к Творцу.

Молчание позволяет достичь более глубокого понимания и связи, чем речь.

Рамбам
Всегда должен человек умножать молчание и пусть говорит или слова мудрости, или слова, которые необходимы для жизни его тела..[29].

Молчать, чтобы услышать Творца

Перед тем как приступить к упражнению молчания, очень важно поговорить друг с другом. Это помогает установить связь и взаимопонимание. После этого представьте, что вы все вместе, в тишине и молчании, обращаетесь к Творцу. В этой тишине, в этом молчании, вы сможете ощутить глубину и силу вашего совместного стремления. Вы увидите, насколько эффективно это работает, как молчание может усилить вашу внутреннюю связь и общую направленность к Высшему.

---

[29] Рамбам. Мишне Тора. Книга Знания. Законы об образе жизни. Гл. 2. Параграф 4.

Перед тем как выбрать молчание, необходимо провести самоанализ — понять для себя, каковы мотивы этого решения. Тогда мы сможем убедиться, что наше решение исходит из осознанного выбора, а не из пассивности или неуверенности.

Молчание можно описать как состояние, когда человек подавляет свое «злое начало», чтобы приблизиться к Творцу. Это сознательный выбор человека действовать в согласии с Творцом, с Его управлением реальностью. С помощью реальности Творец формирует наше отношение к жизни, к товарищам и к тем, кто от нас далек.

В моменты молчания важно размышлять о том, как установить связь с товарищами и глубже соединиться с Творцом. Это не просто отсутствие слов, но активный процесс внутреннего исследования и стремления к гармонии с окружающим миром и высшей силой. Это время для осмысления и углубления своих намерений и духовного развития.

В молчании создается пространство, в котором Творец может наполнить все желания, мысли и стремления человека. Это не просто отсутствие слов, но активный акт доверия и открытости, позволяющий Творцу проявиться и раскрыться в полной мере.

Молчание — это процесс, ведущий к успокоению разума и сердца с тем, чтобы настроиться на восприятие Творца. Это глубокое стремление к тому, чтобы услышать Его, понять свое место и связь с Ним и как в себе освободить больше пространства для Него.

Это не молитва в обычном смысле — это бесконечный диалог сердца с Творцом.

Благодаря нашему согласию с Творцом и готовности принять Его высшее управление над нами в молчании мы начинаем слышать Его голос. Это процесс, в котором мы учимся открывать свои сердца и разум для более глубокого понимания и восприятия.

ВИДЕОРОЛИК НА ЭТУ ТЕМУ ⟶

Нет насилия в духовном

В духовном продвижении насилие невозможно

На духовном пути нет места насилию или принуждению, потому что каждый человек самостоятельно решает, идти ему по этому пути или нет. Если человек не хочет двигаться вперед в духовном развитии, он не обязан этого делать. Человек может брать от природы силы и цели, чтобы воплотить их в жизнь лишь естественным образом и в гармонии с ней. Принуждение и насилие здесь не помогут. Это результат личного выбора и внутреннего согласия с законами природы.

В повседневной жизни мы часто сталкиваемся с насилием в различных его проявлениях, в том числе и в воспитании. Ребенок, в силу своего детского восприятия мира, не способен полностью понять и оправдать строгость родителей. Его интересы обычно ограничиваются играми, сладостями и просмотром телепередач, и он не может осознать необходимость требовательности и дисциплины, налагаемой родителями. Поэтому ребенок часто подчиняется родительским требованиям скорее из-за отсутствия альтернатив, чем из понимания их правоты и необходимости.

В духовном продвижении использование насилия невозможно.

Человек должен стремиться к состоянию, в котором он, исходя из своей внутренней точки в сердце, своего характера и даже своего эгоизма, начнет добровольно и осознанно выполнять духовную работу. Это позволит ему стать подобным Творцу и занять свое уникальное место в общей системе душ.

«Нет насилия в духовном» подразумевает, что прогресс на духовной лестнице, то есть переход от одной ступени к другой, возможен только при достижении полной свободы. Это означает, что человек должен освободиться от всех ограничений, включая свои представления о Творце, и стать способным к совершению независимых действий.

Весы добра и зла

Свобода воли — это средняя линия, средняя треть тифэрет, которая представляет собой чрезвычайно тонкое равновесие. Это как стрелка чувствительных весов, находящихся между двумя равными силами: добра и зла, святости и нечистоты. Свобода воли заключается в способности человека находить и поддерживать это равновесие, определяя свой путь между противоположными силами и влияниями.

Достижение такого состояния требует учета множества факторов. Истинная свобода выбора недостижима, если человек находится в состоянии страха, стыда или чрезмерного желания вознаграждения. Настоящий выбор возможен только тогда, когда человек полностью свободен от всех страхов и опасений, а также от влечения к предстоящим наслаждениям.

Когда это состояние сформировано, возникает вопрос, как с ним поступить. Правильный выбор — это приложение усилий в работе со своим эгоизмом.

Собственный эгоизм четко показывает путь к истине. Эгоизм, как бы парадоксально это ни звучало, может выступать в роли проводника к Творцу. Он выявляет те области, в которых требуются работа и развитие, показывая, где необходимо приложить усилия для преодоления препятствий.

Эгоизм указывает места, где человеку предстоит потрудиться, чтобы преодолеть вызовы, расставленные им же самим. В процессе преодоления этих эгоистических препятствий человек приближается к более глубокому пониманию себя, своего места в мире и своего отношения к Творцу.

Рабаш
*Известно, что нет света без кли.
Т. е. невозможно дать человеку что-либо насильно, ведь известно, что нет насилия в духовном*[30].

Если человек стремится к истинному духовному прогрессу, ему необходимы страдания любви, а не обычные эгоистические страдания. Эти «страдания любви» связаны с желанием дать, любить и соединяться, а не получать для себя.

Для этого человеку требуется желание, которое приходит от общения с окружающими. Собственных желаний недостаточно для продвижения вперед.

---

30 Рабаш. Статья 11. Какие две ступени предшествуют «лишма» כתבי רב"ש כרך ב.ע.מ.626. ARI. Israel. 2008.

Важным шагом является включение в группу, где можно получить поддержку, вдохновение и направление. В группе человек учится усиливать свои желания, общие цели и стремления, что ускоряет его духовное развитие. Это общение и взаимодействие с товарищами в группе позволяют ему переосмыслить и преобразовать свои страдания в страдания любви, которые ведут к росту и духовному совершенствованию.

ВИДЕОРОЛИК НА ЭТУ ТЕМУ ⟫⟫⟶

Привычка — вторая натура

Привычка формирует новые свойства

Мы существуем в единой системе, взаимозависимы, даже если это не всегда очевидно. Человек должен создать в своем уме образ того, что он зависит от всех и все зависят от него. Поэтому нет смысла питать негативные чувства к кому-либо в этом мире и стремиться оторваться от окружающих. Вместо этого стоит прилагать усилия, чтобы осознать, что все люди находятся в состоянии взаимопонимания и общности. В таком случае человек начнет принимать правильные решения как по отношению к себе, так и к другим, избегая ошибок в жизни. Фактически это именно то, что природа требует от нас.

Понимание взаимозависимости может привести к прекращению уничтожения природы, совершенствованию человеческого общества, уменьшению вреда, наносимого друг другу, и отказу от разработки средств уничтожения. Если бы мы все понимали и ценили эту связь, мы могли бы жить гораздо более гармоничной и счастливой жизнью на нашей планете.

Восприятие мира с точки зрения взаимозависимости и взаимопонимания требует значительных усилий. Большинство людей, действуя под влиянием эгоизма, ожидают какого-то видимого или осязаемого вознаграждения за свои усилия. Эгоистическое мышление фокусируется на немедленной личной выгоде и не всегда способно увидеть долгосрочные преимущества от построения гармоничных взаимоотношений и взаимопонимания.

Выход из этого положения заключается в использовании силы привычки. Привычка — это мощный инструмент, который может возникнуть как результат внутренних усилий и осознанного выбора, так и в результате внешних воздействий и обстоятельств. Создавая привычки, мы можем постепенно перепрограммировать наши реакции и поведение.

Например, если мы сознательно начинаем мыслить и действовать в духе взаимозависимости и взаимопонимания, со временем это может стать нашей естественной реакцией, даже если изначально такой подход казался нам непривычным или сложным. Это подобно тому, как мы привыкаем к физическим упражнениям или здоровому питанию — сначала это требует усилий, но со временем становится частью нашей повседневной жизни.

Привычки можно поменять

В воспитании детей родители часто акцентируют внимание на формировании полезных привычек. Таких как умывание, чистка зубов, уборка за собой. Фраза «ты должен, должен, должен...» становится обыденной, поскольку родители настойчиво повторяют ее день за днем, пока действие не войдет у ребенка в привычку и не станет частью его ежедневной рутины. В конечном итоге эти привычки прочно встраиваются в повседневную жизнь ребенка, и он начинает чувствовать себя некомфортно без их выполнения.

Например, многие помнят, как мама напоминала о необходимости чистить зубы. У ребенка возникало желание избежать этого, но постоянные напоминания в итоге приводят к тому, что чистка зубов становится привычной и автоматической даже без напоминаний. Таким образом, то, что начиналось как обязанность, со временем превращается в привычное и естественное действие, освобождающее человека от необходимости прикладывать дополнительные усилия для его выполнения.

Бааль Сулам
«Когда человек приучает себя к какой-то вещи, эта вещь становится для него привычной, а любая привычка может стать второй натурой человека. Поэтому нет ничего такого, в чем бы человек не мог ощутить вкуса реальности. И даже если оставался совершенно бесчувственным к какой-то вещи, но благодаря привычке начинает ее ощущать»[31].

Привычка действительно со временем превращается в необходимость. Все зависит от того, насколько мы сознательно тренируем себя, прививаем

---

31 Бааль Сулам. Шамати. Статья 7. Kitvei Baal Hasulam. ARI. Israel. 2009. P. 522.

определенные формы мыслей, поведения, движения и реакции. С помощью этого самовнушения и самодисциплины мы можем перепрограммировать себя таким образом, чтобы получать удовольствие от определенных действий, объектов и вещей или, наоборот, отучить себя от них.

Каббала учит, что человек может приобретать новые качества — отдачи и любви. Их можно развить под влиянием окружающей среды, которая поощряет и поддерживает такие качества.

Окружение формирует привычки

Внешние факторы играют важную роль в формировании привычек. Социальное окружение, культурные нормы, образовательные системы и медиа могут значительно повлиять на то, какие привычки мы развиваем. Понимание этого может помочь нам сознательно выбирать, какие внешние воздействия мы допускаем в свою жизнь, а какие нет.

Выбор правильной привычки может кардинально изменить нашу жизнь к лучшему. Речь идет об осознании того, что мы являемся частью общей системы, где каждый тесно связан со всеми людьми в мире. Суть такой привычки — учиться думать о благе других, а не только о своем собственном. Глубокое понимание такой взаимосвязи может стать ключом к созданию более гармоничного и сбалансированного общества.

Все советы каббалистов направлены на то, чтобы мы привыкали к действиям в отношении товарищей, распространению и учебе. Это сделано не случайно. Цель заключается в том, чтобы привить в нас понимание необходимости выхода из себя, из собственного «животного» эгоизма.

Суть в том, что настоящий духовный мир не внутри собственного эгоизма, а снаружи, в отношениях с окружающими и в стремлении сделать мир лучше для всех.

Тем не менее мы должны понимать, что в конечном итоге изменения в человеке происходят под воздействием особой силы природы — высшего света.

Методика каббалистов позволяет активировать этот уровень природных сил, превращая нашу изначальную эгоистическую природу в альтруистическую.

Наша задача — развивать чуткость к свету. Мы должны задавать себе вопрос: «Что мне нужно, чтобы почувствовать его?» Наши действия на этот вопрос: развитие свойства отдачи и усиление чуткости к тому, что находится вне меня.

В результате мы начнем ощущать вибрации света, которые будут раскрываться постоянно, а не временно.

Общество форматирует человека

Окружение оказывает значительное влияние на человека и способно менять его привычки и поведение. Для этого запускаются различные эмоциональные стимулы, такие как ненависть, любовь, стремление к почету и славе, а также чувство стыда. Каждый из этих факторов может мотивировать человека к изменению своих привычек и поведения, поскольку они воздействуют на его чувства и убеждения.

Например, стремление к почету и признанию может побудить к развитию новых навыков или привычек. Стыд играет особенно сильную роль в формировании поведения, поскольку люди стремятся избежать действий, которые могут привести к осуждению или негативному восприятию со стороны окружающих. Влияние окружения на человека может быть мощным инструментом как для положительных, так и для отрицательных изменений в его жизни.

Наши общественные и школьные системы часто не работают эффективно, потому что они не получают достаточной поддержки от общества. По мере того, как общество становится более открытым, люди начинают отдаляться друг от друга. Например, Китай долгое время был закрытым обществом с собственными уникальными законами и традициями. Но с открытием страны внешнему миру китайское общество начало сталкиваться с проблемами раскола. Несмотря на государственный контроль, эти проблемы продолжают усугубляться, поскольку, кроме прочего, китайское общество очень разнохарактерное и многочисленное.

В ситуации, когда речь идет о миллионах людей, становится практически невозможно установить глубокую эмоциональную связь индивидуума с обществом.

Вместе с тем существуют примеры, когда люди в тесных, закрытых коллективах, таких как подводники или альпинисты, формируют исключительно крепкие взаимоотношения. В экстремальных условиях в коллективе, где выживание напрямую зависит от сплоченности и взаимоподдержки, между людьми часто развиваются особо глубокие эмоциональные связи. В таких группах люди могут настолько быть привязанными друг к другу, что даже готовы расстаться с собственной жизнью, если товарищи погибают.

ВИДЕОРОЛИК НА ЭТУ ТЕМУ

Работа с помехами

Помехи — язык Творца

Рабаш
Когда человек приступает к работе, чтобы стать праведником, т. е. не получать никакой оплаты для себя и всё делать только для того, чтобы доставлять — удовольствие Творцу, тогда тело не согласно и строит ему помехи[32].

Существуют различные виды помех, влияющих на разных уровнях, согласно четырем стадиям развития природы. В зависимости от уникального строения каждого человека Природа или Творец знает, как оказать на него воздействие. Это происходит в соответствии со структурой души, то есть с нашим внутренним желанием, которое мы должны довести до состояния равновесия и слияния с Творцом.

Помехи являются своеобразным языком. Творец пробуждает в нас свойства, противоположные Его собственным. Когда мы преодолеваем эти противоположные свойства, мы начинаем соприкасаться с Ним.

---

32 Рабаш. Статья 29. Разница между лишма и ло-лишма. 335.ам.א כרך ש"רב כתבי ARI. Israel. 2008.

Быть выше помех означает брать их, обрабатывать, удерживать и находиться над ними, подобно щепке на волнах, которая снизу касается воды, а сверху — воздуха.

Помехи на самом деле являются помощью от Творца. Они служат указанием на те места в нашей душе, где необходимо совершить исправление. Помехи выявляют то, что разделяет нас, что мешает нам достичь единства. Следовательно, нам следует быть благодарными за эти помехи и правильно с ними работать.

Каждая помеха показывает, где именно мы отступаем от пути, какие препятствия нужно преодолеть для достижения гармонии и слияния с Творцом.

Как правильно реагировать на помехи

Все, что нас окружает, представляет собой Творца, то есть систему, в которой мы существуем, как в матрице. Именно поэтому каббалисты утверждают, что человеческое общество по сути является проявлением Творца, и каждому человеку необходимо найти с Ним правильное взаимодействие.

Творец — это единая сила, которая управляет всем и постоянно взаимодействует со мной через окружающие объекты. Важно понять, как правильно на это реагировать. Можно достичь такого состояния, при котором я начну видеть за всеми объектами и явлениями Единую управляющую силу, общающуюся со мной таким образом.

Необходимо научиться расшифровывать послания, которые отправляет нам эта универсальная сила — Творец. Это позволит мне понять Его язык, глубже взаимодействовать с окружающим миром. При таком понимании я смогу услышать и воспринять голоса природы во всем ее многообразии: от пения птиц и звуков, издаваемых животными, до шелеста растений и ветра, а также гула Земли. Это откроет передо мной новый мир, где каждый элемент природы общается со мной на универсальном языке Творца, раскрывая мне глубинные тайны бытия и участь в единой системе вселенной.

Все действия Творца направлены на то, чтобы приблизить каждого из нас и все человечество в целом к Себе. Это осознание требует от нас умения видеть в каждом событии, в каждом моменте нашей жизни Его высшее воздействие. Нам необходимо научиться воспринимать каждое происшествие, каждую случайность или испытание как часть более крупного плана, предназначенного для нашего духовного роста и развития.

Представим ситуацию, когда мы обнаруживаем неприятные качества в нашем товарище. В действительности товарищ, подобно ангелу, отражает в зеркале наши еще не исправленные свойства.

На ложном пути нет проблем

> **Бааль Сулам**
> *Когда человек преодолевает трудности и помехи, невозможно с легкостью оттолкнуть его... Ибо только благодаря прорывам и большим усилиям раскрывается ему высшая власть (высшая малхут), и он удостаивается войти внутрь Царского чертога*[33].

Помехи обычно возникают с двух сторон. К примеру, в тот момент, когда я собираюсь совершить альтруистическое, отдающее действие, тут же всплывают знакомые сомнения и вопросы: «Зачем мне это нужно?», «Что мне даст эта работа?», «Кто такой Творец, чтобы я следовал Его воле?». Эти мысли могут остановить или отвлечь меня от правильного намерения.

С другой стороны, когда я действую ради личной выгоды, мой эгоизм поддерживает меня, позволяя делать мне все, что заблагорассудится. В этом случае я чувствую себя уверенно, будто достиг успеха, однако это лишь иллюзия, основанная на самообмане и ограниченном взгляде на жизнь.

Мы постоянно получаем сигналы от нашего эгоизма и от Творца. Все неприятные состояния, с которыми мы сталкиваемся, — будь то отягощение сердца, путаница, раздражение, потеря ощущения важности Творца, духовной работы и связи с группой, — следует рассматривать как важные моменты исправления.

На каждом шагу нашего пути мы должны учиться выбирать правильное направление, сопоставляя собственное желание наслаждаться с желанием Творца отдавать. Тогда мы поймем, что ситуации, которые кажутся нам помехами, на самом деле являются корректировками нашего жизненного курса.

Вместо того чтобы сосредотачиваться на этих препятствиях, нам следует направлять усилия

---

33 Бааль Сулам. Статья 70. Рукою крепкою и яростью изливающейся. Kitvei Baal Hasulam. ARI. Israel. 2009. P. 584.

на объединение и внутреннее сплочение. Такой подход позволит нам преодолеть внешние и внутренние препятствия, двигаясь в направлении духовного развития.

Победа над помехами — в объединении

Критерием успеха в нашем духовном росте является наша способность продолжать объединяться, несмотря на возникающие помехи и трудности. Эта устойчивость к внешним препятствиям и внутренним сомнениям, способность сохранять и укреплять связи с окружающими даже в условиях испытаний указывает на наш прогресс во внутренней работе. Напротив, отдаление и разрыв отношений свидетельствуют о неудаче, о неспособности преодолеть эгоистические тенденции и работать над общим благом.

Необходимо правильно настроить себя на понимание того, что на каждом этапе нашего пути мы будем сталкиваться с помехами, постоянно ощущая их давление на наши свойства и чувства. Эти помехи неизбежны и крайне важны, поскольку они представляют собой именно ту материю, которую мы должны исправлять.

Представим, что вы сталкиваетесь с ситуациями, когда кто-то ведет себя враждебно по отношению к вам, высказывает неприятные слова, или кто-то из группы хочет уйти, или же у вас лично возникает ощущение внутреннего падения. Все эти моменты являются примерами тех свойств, над которыми необходимо немедленно начать работу, объединяясь для их исправления. Когда вы активно работаете над этими проблемами вместе, эти свойства начинают трансформироваться и интегрироваться в ваше исправленное состояние.

В нашей жизни мы непрерывно сталкиваемся с множеством противоположных явлений. Они варьируются от различных физических воздействий, таких как холод и тепло, давление и вакуум, до более сложных чувственных параметров. К последним относятся эмоциональные переживания, такие как ненависть и любовь, радость и отчаяние, и многие другие. Эти противоречивые ощущения и переживания возникают не случайно — это помощники духовного роста.

Кажется невозможным воспринимать противоречивые чувства, такие как радость и отчаяние, одновременно. Решение заключается в подъеме на уровень выше всех хороших и плохих состояний.

Этот уровень называется «вера выше знания». Он означает начало работы со своими свойствами в направлении отдачи, а не получения. Работая инверсно со всеми своими ощущениями, человек начинает воспринимать все происходящее как абсолютное добро. Это позволяет преодолевать противоречия и находить гармонию в том, что ранее казалось несовместимым.

В каббале нет золотой середины

В нашей работе мы сталкиваемся с ситуацией, отличающейся от традиционного подхода в науке или в обычных человеческих отношениях, где противоречия часто ставят нас в тупик и приводят к растерянности. В нашей повседневной жизни, когда мы сталкиваемся с противоположными мнениями или интересами, мы обычно ищем компромисс или «золотую середину» для решения конфликта.

Однако в духовной работе подход к противоречиям другой. Здесь не идет речь о поиске компромисса между двумя противоположностями, а о восхождении на новый уровень восприятия, где эти противоположности могут сосуществовать в гармонии, не мешая друг другу.

В каббале концепция «золотой середины» считается неправильной. Каббала учит, что стремление к компромиссу, когда мы ограничиваем себя, принимая какое-то среднее решение, отказываясь от активных действий, является порочным. Напротив, каббалистический подход заключается в выборе максимального проявления из двух противоположных состояний, чтобы прийти к гармонии на более высоком уровне.

Когда мы поднимаемся над своим эгоизмом, эти две кажущиеся противоположными системы обретают единство. Одна из них превращается в желание, а другая — в его наполнение. Именно такая интеграция и является методикой приведения мира к совершенному состоянию гармонии. В этом процессе мы не просто устраняем дисбаланс между противоположностями, но и создаем новую, более высокую реальность, где противоположные силы дополняют и обогащают друг друга, приводя к целостности и совершенству.

Что такое духовное равновесие

Земная жизнь устроена таким образом, что на фундаментальных уровнях природы — неживом, растительном и животном — поддерживается относительное равновесие. Оно регулируется цикличностью жизни и смерти отдельных особей. Однако это равновесие является относительным и временным, так как не может противостоять испытанию временем — каждое существо, каждый элемент имеет свой конец. Таким образом, материальное равновесие не выдерживает проверку временем.

В контрасте с этим духовное равновесие характеризуется постоянным развитием и эволюцией. В духовном измерении процесс развития продолжается до тех пор, пока не будет достигнуто абсолютное равновесие во всех его аспектах. Это состояние идеального баланса и гармонии называется «полное исправление». В этом состоянии достигается глубокая синергия и интеграция всех элементов, обеспечивая устойчивость и постоянство, которые не подвержены ограничениям времени и материального мира.

В основе достижения удовлетворения, счастья и наслаждения лежит принцип предварительного ощущения опустошения или нехватки. Без предварительного ощущения недостатка или желания удовлетворение не может быть полноценным. Поэтому важной составляющей процесса достижения положительных результатов является борьба или преодоление трудностей. Эта борьба создает контекст, в котором последующее удовлетворение или радость ощущаются гораздо ярче и значимее.

ВИДЕОРОЛИК НА ЭТУ ТЕМУ

Разногласия

Для чего нужны разногласия

Важно осознавать, что причиной возникновения споров в группе часто является проявление новых желаний. Эти новые желания могут быть разнообразными и часто конфликтными, так как каждый член группы проходит свой уникальный путь развития и самопознания. Когда эти новые стремления и желания сталкиваются, они могут привести к недопониманию, разногласиям и спорам внутри группы.

Такие моменты не следует воспринимать негативно. Они могут стать важными факторами развития как товарищей, так и группы в целом. Споры и дискуссии могут выявить проблемы во взаимоотношениях в группе, предоставляя возможность для совместного поиска решений. Процесс преодоления этих разногласий и построения взаимопонимания может стать путем к более глубокому единству и гармонии в группе.

В повседневной жизни часто наблюдается, как люди пытаются доказать свою правоту, оказывая тем или иным образом давление на оппонента. Однако такой подход неизбежно приводит в тупик. Давление и попытки насильно убедить другого в своей точке зрения не способствуют достижению настоящего согласия или взаимопонимания. Это лишь усиливает конфликт и разногласия, создавая дополнительные преграды для объединения и сотрудничества.

Настоящее согласие может быть достигнуто только в открытом диалоге, с уважительным отношением к различным мнениям и позициям и готовностью к совместному поиску решений. Важно стремиться к взаимопониманию, а не к доминированию в общении.

Противоречивые мнения в диалоге или групповом обсуждении должны быть сбалансированы таким образом, чтобы они не приводили к взаимному отрицанию, а наоборот, сохранялись и дополняли друг друга. Это означает, что в идеале различные точки зрения не только признаются и уважаются, но и используются как возможность для обогащения общего понимания вопроса.

Вместо того чтобы стремиться к полной унификации мнений, целью является достижение гармонии, где каждое мнение вносит свой вклад в более полное и многостороннее понимание ситуации.

Противоположные мнения дополняют друг друга

Мы часто наблюдаем в жизни ситуации, когда стороны в споре торгуются и в конечном итоге приходят к некоему соглашению. Однако такое соглашение часто является скорее псевдосогласием, достигнутым из-за ощущения безвыходности.

В таких случаях соглашение не отражает искреннее согласие и удовлетворение всех сторон, а скорее компромисс, к которому пришли под давлением обстоятельств.

В результате такого подхода одна или обе стороны часто остаются недовольными, поскольку их истинные интересы и мнения не были должным образом учтены или поняты. Это соглашение может быть неустойчивым и приводить к дальнейшим конфликтам или недопониманию, так как основные причины разногласий не были разрешены.

Когда целью строительства единства является слияние с Творцом, противоположные стороны не просто могут, но и должны принимать активное участие в этом процессе. Однако в нашем обыденном, «плоском» восприятии реальности мы часто не способны увидеть возможности для такого глубокого единства. Это объединение выходит за рамки наших обычных способов взаимодействия и требует вмешательства высшего света — той высшей силы, которая превосходит наше ограниченное понимание.

Как говорится: «И то, и другое — слова живого Бога». Эта фраза подчеркивает, что противоположные мнения и взгляды не исключают, а дополняют друг друга. В этом процессе проявляется вмешательство высшего света, которое позволяет преодолеть двойственность и достичь более высокого уровня единства и гармонии, недоступного для нашего обыденного восприятия.

Только совместным стремлением к одной цели можно раскрыть высшую силу. Этот процесс может начаться с простых механических действий, но он выражает наше стремление подняться выше наших сегодняшних уровней разума и чувств, чтобы обрести общий разум и чувства. Это позволяет нам обнаружить присутствие Творца внутри нас, как гласит выражение: «Творец обитает внутри своего народа», внутри всех тех, кто объединяется в стремлении к Нему.

Существует понимание, что каждый из нас одновременно прав и неправ, и именно поэтому настоящий мир между нами не может воцариться на обычном уровне. Однако если мы стремимся к миру на уровне, который находится выше наших личных разногласий и конфликтов, как говорится: «Все преступления покроет любовь», мы можем достичь глубокого взаимопонимания и согласия.

Представим, что мы держим над собой «зонтик объединения», заботясь только, как его удержать и усилить. Эта сравнение подразумевает, что все наши разногласия и взаимные обвинения не являются препятствием для мира, а наоборот, средством для его укрепления. Таким образом, конфликт устраняется не путем стирания наших различий, а путем подъема над ними, признания их ценности и использования их в качестве строительного материала для создания прочного «зонтика объединения».

Этот подход позволяет нам взглянуть на противоречия и разногласия под новым углом, видя в них возможности для развития и углубления наших взаимоотношений, стремясь к более высокому уровню гармонии и согласия.

Разногласия должны сохраниться

Все войны и проблемы, с которыми мы сталкиваемся, пробуждаются Творцом, чтобы предоставить нам возможность их исправления. Это исправление предполагает построение «средней линии» — баланса между противоположностями.

В этой средней линии мы находим гармонию между конфликтующими сторонами и интересами, превращая разногласия и столкновения в возможности для создания единства и понимания.

Когда мы достигаем этого баланса, между нами раскрывается Творец. Это означает, что в момент достижения истинного взаимопонимания и единства мы начинаем осознавать высший порядок и гармонию, которые лежат в основе нашего существования. В результате наступит конец всем войнам и конфликтам и установится всеобщий мир.

В каббалистической группе подход к разногласиям между членами группы является уникальным. Важно сохранять эти разногласия. Более того, каждый член группы остается верным своим убеждениям и взглядам. Главное — это стремление к достижению объединения, несмотря на эти различия. Такое объединение является источником особой радости, поскольку сам Творец дает нам возможность быть вместе, вопреки нашей противоположности.

Важно найти истину

Разногласие и ссора — это два разных явления. Разногласие возникает, когда люди стремятся выяснить важные, принципиальные вопросы, при этом искренне заинтересованы в поиске истины или лучшего решения.

В разногласии главное — это не вопрос, кто прав — я или мой товарищ, а также не доказать свою правоту. Главное — выяснить истину.

В этом процессе оба участника стремятся к пониманию, а не к превосходству.

В таком диалоге каждое мнение рассматривается как ценный вклад в общее понимание, а не как позиция, которую нужно отстаивать или защищать.

В отличие от этого, ссора обычно исходит из эгоистических позиций, где каждый участник конфликта стремится поднять себя за счет другого, доказать свою правоту или превосходство над ближним. Здесь отсутствует желание к совместному поиску истины или понимания. Главной движущей силой является желание одержать верх в споре, что часто приводит к разрушительным последствиям для взаимоотношений.

В самом начале необходимо достичь такого состояния взаимодействия, где обе стороны проявляют искренний интерес к поиску истины. В противном случае бесконечный спор неизбежен, и предпочтительнее будет просто прекратить обсуждение. Это состояние имеет особое название: «блима», происходящее от слов, означающих «замедление» и «остановка».

В процессе выяснения истины мы не занимаемся взаимными нападками. Важно сначала прояснить для себя, каковы цель и смысл разговора с товарищем. Обсуждение может продолжаться только при общем понимании, что наша цель — поиск истины. Такой подход обеспечивает конструктивность и содержательность диалога.

Главное — это мнение Творца

Мы постоянно переживаем различные эмоциональные состояния: молчание, конфликты, разногласия, разнообразные обсуждения. В каждый момент важно осмысливать эти состояния через призму Цели творения.

В конце концов, разногласия могут стать мостом, соединяющим нас и приводящим к общему пониманию и единому мнению. Тем не менее, это далеко не всегда происходит автоматически. В Талмуде описываются дискуссии между мудрецами, каждый из которых находится на своем духовном уровне. Эти дебаты являются важной частью духовного поиска и самопознания.

Тора, в свою очередь, строится на принципе разрешения противоречий. Она не только рассказывает истории, но и затрагивает вечные вопросы взаимоотношений человека с Творцом и окружающим миром. Эти споры (махлокот) и обсуждения приводят к пониманию глубоких духовных вопросов, отличаясь от повседневных семейных или бытовых разногласий.

Разногласие значительно отличается от обычной ссоры. Прекрасным примером этого являются дебаты между Шамаем и Гилелем. В их дискуссиях не столько важно, кто прав, а кто нет, сколько важно стремление к достижению истины.

Истина, или «эмет» на иврите, является одним из имен Творца. Когда мы находим пути к единению с Творцом, мы тем самым открываем «эмет» — истину.

На самом деле суть разногласий заключается в поиске мнения Творца. Когда в процессе дебатов раскрывается Творец, это служит признаком того, что достигнутое решение правильное.

 ВИДЕОРОЛИК НА ЭТУ ТЕМУ

Каббалистическая трапеза

Внутренний смысл трапезы

В каббале трапеза олицетворяет собой получение высшего изобилия Творца.

Существуют разные виды трапез: праздничные, субботние, трапезы новолуния и т. д. Каждая из них символизирует определенный вид получения света.

Важнейшая часть каббалистической трапезы — это не порядок сервировки или выбор блюд, а внутренняя работа каждого участника и их намерения. Суть такой трапезы заключается в благодарности Творцу за пищу и уважительном отношении к другим участникам. Это помогает преодолеть собственный эгоизм и укрепляет духовную связь между людьми. Подобный подход превращает обычный прием пищи в духовную работу.

Перед началом каббалистической трапезы каждый участник должен пройти особую подготовку. Цель подготовки — развитие ощущения равенства и братства между всеми присутствующими. Объединение участников трапезы в единую гармоничную группу позволяет им вместе подняться на новый уровень духовного развития.

В трапезе важно все: слова, которые мы произносим, песни, которые поем, блюда, которые едим, их последовательность. В каждом блюде, каждом куске хлеба или бокале вина мы видим отражение общей цели и стремления.

Не каждый продукт можно употреблять. Примером, иллюстрирующим этот принцип, может служить процесс питания детей в нашем мире. Младенцам дают молоко, так как их организм еще не способен переваривать более сложные продукты. По мере взросления ребенка его питание становится разнообразнее: вводятся переваренные злаки, каши, пюре из овощей и так далее. Это постепенное усложнение рациона отражает развитие и укрепление пищеварительной системы ребенка, аналогично тому, как духовное развитие человека определяет его способность «переваривать» новые духовные уровни.

Пища как высший свет

Рамбам, выдающийся каббалист XII века, который также был известен как философ, врач и астроном, уделил значительное внимание теме трапезы и приема пищи в своих медицинских трудах. Он подчеркивал важность тщательного пережевывания пищи и получения удовольствия от еды. Рамбам утверждал, что если пища употребляется неправильно, она может принести вред здоровью. Также он подчеркивал значимость выражения благодарности Творцу за пищу, подчеркивая тем самым духовную составляющую питания.

В духовном смысле пища символизирует не что иное, как высший свет. Принципиальное отличие в том, что она употребляется не для утоления физического голода, а ради отдачи.

Высший свет, или свет хохма, является источником наслаждения и наполнения. Он становится доступным для человека, только когда тот достигает необходимой степени готовности к его восприятию. Этот свет обладает качествами отдачи, любви, связи и противодействует эгоистическому началу. Когда человек умеет правильно реагировать на свои антиэгоистические стремления, он открывает путь высшему свету.

Свет приносит ощущение Творца, раздвигает рамки нашего мира, и человек начинает ощущать Высший мир.

Сказано (даже не у каббалистов), что для тщательного пережевывания пищи требуется совершить 72 жевательных движения, что соответствует числовому значению «айн-бэт». С духовной точки зрения, это действие символизирует процесс, в котором зубы, пережевывая свет хохма, разделяют желание на множество мелких частей. Это необходимо для того, чтобы смешать его со светом Хасадим. В физическом мире аналогичный процесс происходит при пережевывании пищи, когда она смешивается со слюной.

У человека 32 зуба можно сравнить с 32 жерновами, которые перетирают пищу, готовя ее к дальнейшему перевариванию и проглатыванию. Важно понимать механику нашего жевательного аппарата: зачем нам нужны губы, язык, щеки и как устроен рот. Каждое движение в процессе жевания имеет свое значение.

Благословления до и после еды

Все элементы каббалистической трапезы тщательно подобраны таким образом, чтобы не отрывать человека от мыслей о его духовном предназначении. Каждый элемент трапезы, от выбора блюд до обстановки, нацелен на то, чтобы помочь человеку осознавать, где он находится, с кем взаимодействует и почему важно оставаться настроенным на связь с Высшим миром и Творцом.

Написано в сборнике законов, касающихся благословений на еду и омовения рук:

Сборник законов
Все прегрешения покроет любовь — это любовь, относящаяся к святости, которая находится в точке, покрывающей все прегрешения, и все разбиения сердца отменяются[34].

Каждый прием пищи должен начинаться с благословений, подтверждая, что все в этом мире исходит от Творца. Все блага приходят к человеку сверху вниз, и поэтому, прежде чем приступить к еде или сделать глоток, необходимо выразить благодарность Творцу. Этот жест благодарности напоминает, что каждая деталь жизни, включая пищу, представляет собой дар свыше. Только после выражения благодарности можно начать трапезу.

Восприятие Творца как синонима природы напоминает человеку, что он не владыка природы, а лишь получатель.

Все благословения, обычаи и законы имеют одну цель — помогать человеку постоянно ощущать свое пребывание в пространстве, созданном Творцом.

---

[34] «Сборник законов». Благословение на еду и омовение рук после трапезы, закон 3.

Перед началом трапезы выражается благодарность за возможность получить пищу, которая символизирует заботу Творца. А после трапезы выражается благодарность за насыщение и за энергию, которую эта пища дает, позволяя продолжать жизнь.

В одной из историй Талмуда описывается кончина учителя-каббалиста и действия его учеников после его ухода. Согласно его воле, ученики похоронили его за пределами города. После похорон они совершили ритуал омовения в реке, и затем собрались на трапезу.

Эти ученики также были каббалистами и находились в тесной духовной связи друг с другом. Однако после трапезы они столкнулись с неожиданной проблемой: они не могли совершить благословение после еды. Они осознали, что потеряли эту способность вместе с кончиной своего учителя, что свидетельствовало о том, что с его уходом ушла и определенная духовная сила. Несмотря на преданность учителю и взаимную связь между собой, они почувствовали утрату этой силы.

Субботние трапезы

Первая трапеза — это вход субботы, когда начинает проявляться высший свет.

Вторая (утренняя) трапеза — это духовное возвышение, но не в начале субботы, а уже наутро, когда появляется следующий уровень света.

Третья трапеза проводится на исходе субботы, когда проявляется сила, заставляющая сокращаться предыдущие келим, и идет подготовка уже к следующей неделе.

Каждая трапеза олицетворяет собой проявление нового особого света. Все три субботние трапезы отличаются от трапез в будние дни.

Дело в том, что шесть дней недели мы должны работать, анализировать свои состояния, мысли, поступки, исправлять свои келим, намерение с «ради получения» на «ради отдачи». Это называется «шесть дней творения», потому что исправление происходит в шести сфирот — ХАГАТ НЭХИ.

Седьмой день олицетворяет седьмая сфира — малхут. В ней не надо ничего исправлять, поскольку малхут начинает принимать в себя свет ради отдачи, исходя из того, что сделано в шесть будних дней (в шести сфирот).

Суббота — это исправление свыше, когда суммируются все наши усилия, приложенные в течение шести дней, т. е. в шести сфирот. В субботу мы не работаем, поскольку в этот день запрещено всякое исправление.

Работа — это только действия духовного исправления. Если взять молоток и с утра до вечера работать до изнеможения — это не будет считаться работой.

Молчание на трапезах

Суть не в молчании как таковом, а в глубине намерений. Когда человек собирается за столом с единомышленниками, это время для размышлений о совместном стремлении к духовной цели. Участники трапезы обдумывают, как достичь большей степени объединения, какие уровни взаимодействия и отдачи Творцу они желают развивать.

Важно, чтобы в такие моменты люди сохраняли тишину, позволяя каждому погрузиться в собственные размышления и внутренний поиск. Это не только физическое собрание за столом, но и возможность для духовного роста в совместном устремлении к духовной цели.

Важно, чтобы каждое движение, включая подачу и употребление пищи, не мешало другим оставаться в своих мыслях.

Рамбам учил, что прием пищи должен проходить в молчании и в окружении товарищей или семьи, с постоянным ощущением благодарности. Также на трапезах часто практикуется напевание каббалистических мелодий, обычно без слов, что способствует созданию особой атмосферы.

Эти элементы — молчание, мелодии, присутствие товарищей — способствуют глубокому внутреннему сближению. Такое объединение помогает поднять общее внутреннее единение к Творцу.

Кошерная и некошерная пища

Кошерными считаются те виды животных, у которых есть внутренний круг пищеварения. Это символизирует правильное намерение, поскольку у таких животных пища не проходит просто сверху вниз.

Все действия Высшего мира отражаются на животном уровне. Человек, который находится в духовном постижении, глядя на рыбу или на какое-либо животное, может сразу определить, является это животное кошерным или нет.

Некошерная пища символизирует формы, которые невозможно принять с целью отдачи. Поэтому ее не употребляют. Вместе с тем в конце исправления, когда духовное развитие достигнет своего завершения, будет возможность употреблять в пищу абсолютно все, так как эгоистическое намерение исчезнет и человечество будет настроено на истинную отдачу и любовь.

Хлеб

Хлеб — это не просто основной продукт питания, но и символ большого изменения в жизни человека. Когда люди начали возделывать землю и подчинять природу, они сделали большой шаг в своем развитии. Раньше они проводили весь день в поисках еды, но с приходом земледелия это изменилось. Теперь они могли выращивать свою пищу, что давало им больше свободного времени для других занятий.

Благодаря земледелию люди стали производить больше еды, чем им было нужно для выживания. Излишки продовольствия они начали обменивать на другие товары. Это привело к развитию торговли и появлению разных профессий. Таким образом хлеб и земледелие не только изменили способ питания людей, но и полностью преобразили их образ жизни и взаимоотношения в обществе.

Пшеница была впервые одомашнена и начала культивироваться в земле Израиля. С тех пор хлеб стал основой пищи во всем мире. Люди так устроены, что хлеб является для них не только питательной, но и вкусной пищей. Одним из ключевых преимуществ хлеба является то, что зерно и мука могут храниться долгое время без порчи, в отличие от мяса. Это делает хлеб особенно ценным продуктом.

В конечном итоге начало культивации пшеницы и производства хлеба имело глубокое влияние на формирование современной цивилизации.

Согласно каббалистической традиции, хлеб является воплощением свойства бины. Бина представляет собой принцип отдачи, проявляющийся в природе: животные дают молоко, деревья — плоды, а земля щедро дарит хлеб. Каждый из этих даров природы сопровождается особым благословением.

Земля в каббале символизирует свойство получения. Она вбирает в себя все, абсорбирует и перерабатывает. В момент соединения земли с водой в нее вносится зерно, зародыш жизни, который, обретая плодородную почву, начинает прорастать. Прорастание зерна символизирует развитие свойства бины, принципа отдачи и роста, который лежит в основе всего живого.

Трапезы в Храме

Храм в древние времена был не просто местом религиозных ритуалов, но и центром общественной жизни. Он одновременно служил ареной для жертвоприношений, общественных трапез и местом учения, куда съезжались люди со всех уголков страны. Подготовка к трапезам и сам процесс питания были строго регламентированы традициями.

Посетители храма приводили с собой козлят и других животных, которых коэны и левиты обрабатывали определенным образом, следуя древним предписаниям. После забоя и разделки животных из их мяса готовились разнообразные блюда. Эти блюда выставлялись на общие столы, и любой желающий мог принять участие в трапезе.

В аллегорическом смысле Храм представлял собой место, где каждый человек мог достичь уровня единства с коэнами и левитами. Для обычного человека уровень этих священнослужителей, окруженных ореолом святости и духовной чистоты, казался недосягаемым. Однако, принося жертву, человек как бы уравнивал себя с ними.

Процесс жертвоприношения в древности отличался от того, как его часто изображают в современных голливудских фильмах. На самом деле это не было хаотичным столпотворением, где бесконечный поток людей ведет животных на убой. Напротив, жертвоприношение требовало глубокой внутренней подготовки. Люди приносили жертву только тогда, когда они были полностью готовы к тому, когда их внешние действия были в гармонии с внутренним миром.

В каббалистической трапезе обычно принимают участие те, кто с ее помощью желает духовно возвыситься. Они понимают, для чего собираются вместе, — это большая внутренняя работа, огромные усилия. Уровень трапезы может быть даже выше уровня урока, поскольку идет речь о глубокой внутренней работе.

В Торе говорится о том, как Авраам готовил трапезы. Он сам забивал ягненка, готовил еду и устраивал пир для десятков гостей. Авраам не только готовил, но и прислуживал своим гостям, помогая им соединиться и духовно возвышаться. Для каббалиста подобное обслуживание товарищей — это важная духовная работа. Приготовление и подача еды, забота о гостях считаются не просто гостеприимством, а возможностью для духовного роста и развития.

ВИДЕОРОЛИК НА ЭТУ ТЕМУ ⟶

Что значит Египет

Как попадают в Египет

История египетского пленения еврейского народа, представленная в Торе, — по сути аллегорические описание духовного пути человека.

В определенный момент своей жизни человек начинает ощущать, что он живет бесцельно. Ни религия, ни верования вообще ничего не объясняют и не дают удовлетворительного ответа на вопрос о смысле и цели жизни. Это означает, что в человеке проснулась так называемая «точка в сердце», которая в Торе зовется Моше.

Пробуждение этой «точки» означает начало пути к самопознанию и духовному поиску. Как Моше ведет евреев из египетского пленения, так и эта «точка в сердце» ведет человека к освобождению от внутренних сомнений и поиску истины.

Когда человек после этого попадает в настоящую каббалистическую группу, он открывает для себя, что духовное продвижение начинается с объединения с товарищами.

В Торе этот принцип находит отражение в истории о сыновьях Яакова. Младший брат Йосеф, чье имя происходит от слова «осеф» — «собирать, объединять», становится антагонистом своих братьев, представляющих эгоистические желания внутри человека, которые препятствуют объединению.

Интересно, что Йосеф в итоге попадает в египетское рабство. В каббалистической интерпретации Египет, или Мицраим на иврите, символизирует «концентрацию зла» — сочетание слов «миц» и «ра». Фараон, или Паро, представляет собой главную эгоистическую силу природы.

Когда человек стремится к объединению с другими, он символически «опускается в Египет», в мир своего внутреннего эгоизма. Этот процесс, хоть и сложен, является необходимым этапом на духовном пути.

Египет — мир эгоизма

Путь к духовному объединению, который начинается в Египте — мире эгоизма, приводит к увеличению эгоистических желаний. В Торе этот момент символически изображен как «семь тучных лет». В этот период человек как бы погружается в мир, где главенствуют материальные ценности и где удовлетворение эгоистических желаний кажется главной целью.

Однако цель Творения — это раскрытие Творца, и поэтому за периодом изобилия следует период лишений — «семь голодных лет». Эта резкая смена условий жизни подчеркивает мысль о том, что удовлетворение эгоистических желаний в конечном итоге бессмысленно, поскольку они обречены.

Такой контраст между периодами изобилия и нужды учит нас, что настоящее наполнение и удовлетворение можно найти только в стремлении к раскрытию Творца.

В Египте «точка в сердце» человека — Моше — начинает активно развиваться за счет эгоизма, постепенно разбухая. Она обретает все эгоистические свойства и формы. Без погружения в эгоизм невозможно начать движение в направлении к Творцу. Этот процесс символически иллюстрируется в истории, где Моше попадает во дворец фараона и проходит там свое воспитание. Именно после этого он становится готовым к выполнению своей миссии.

Чтобы раскрыть Творца, Моше должен полностью отказаться от связей с прошлым. Его приемный дед фараон и приемная мать Батья символизируют его жизнь в Египте. Моше, будучи, по сути, принцем Египта, вынужден бежать из дворца в пустыню. Это бегство становится важным поворотным моментом в его жизни. Оно означает отказ от прошлых устремлений и начало нового пути к духовному и выполнению своей настоящей миссии.

После нахождения в пустыне Моше, или «точка в сердце», возвращается в Египет как совершенно новая личность. Теперь он существует независимо от своего эгоизма и в корне противоположен фараону, который символизирует эгоистическую природу. Моше больше не видит в фараоне своего деда.

Такое состояние называется «осознание зла» (акарат-ра).

Осознание зла в десятке происходит, когда все товарищи приходят к пониманию, что находятся в Египте, а фараон символизирует наш общий эгоизм, его сердцевину, желание получать, наслаждаться, использовать все вокруг для своих целей.

Возвращение Моше в Египет и его требование к фараону отпустить его народ символизирует духовное пробуждение и готовность бороться против эгоистических желаний. Это момент, когда духовное стремление преодолевает эгоистические устремления и начинает активно действовать в направлении свободы и духовного развития.

В принципе фараон не рассматривается как хороший или плохой. Он символизирует основу эгоистической природы человека. Как мы взаимодействуем с этой эгоистической природой, такова и роль фараона в нашем понимании. Если мы используем наш эгоизм для достижения своих целей, то фараон воспринимается как положительная фигура. Но когда мы начинаем работать против нашего эгоизма, стремясь к духовному развитию, фараон воспринимается как отрицательный персонаж.

Выход из Египта

В каббалистической традиции группа людей, стремящихся к духовному развитию, называется «десятка» и рассматривается как единое целое — народ.

Когда члены десятки решают отказаться от своего эгоизма, они сталкиваются с состоянием, которое можно описать как «египетская тьма». В этом состоянии человек начинает ощущать духовную тьму, потому что его эгоистическое желание не получает привычного наполнения.

Десять казней, описанных в Торе, соответствуют десяти сфирот — десяти свойствам Творца. Человек самостоятельно не может уподобиться этим свойствам Творца, поэтому необходимо произвести десять исправлений. Эти исправления помогают выделить и отсечь от эгоистических намерений те желания, которые способны принять на себя свойства Творца.

Каждый из ударов, или казней, отделяет определенное желание, которое может присоединиться к одной из девяти сфирот. Когда это происходит, такое желание может быть наполнено светом Творца. Желания, которые не могут пройти через это испытание и соответствовать духовным свойствам, остаются в Египте, то есть в сфере эгоистических стремлений.

Весь духовный путь человека — это последовательность связанных этапов, каждый из которых имеет глубокое символическое значение. Сначала необходимо понять, кто такие египтяне, кто сыны Израиля, что символизируют фараон и Моше. Затем следует этап «бегства из Египта», который символизирует отрыв от эгоистических желаний и стремлений.

Далее следует «переход через море», который представляет собой преодоление трудностей и препятствий на пути к духовному продвижению.

Гора Синай символизирует готовность принять Тору, что означает прием духовного закона — «возлюби ближнего как себя».

Каждый из этих этапов является неотъемлемой частью пути к духовному развитию. Все вместе они формируют единую цепь духовных преобразований, которые человек должен пройти на пути к постижению и уподоблению свойствам Творца.

«Ям Суф», или Конечное море, олицетворяет последний рубеж материального, эгоистического мира. Пересечение моря символизирует окончательный отрыв от эгоизма и представляет собой точку, после которой уже нет возврата назад к прежней жизни.

После «Ям Суф» начинается путешествие в «пустыне», где сомнения и проблемы присутствуют, но они уже имеют другой характер. «Ям Суф» — это заграждение (махсом), условная граница, за которой начинается духовный мир. В этом мире царит настоящая свобода, не ограниченная местом, временем и пространством.

Итак, выход из Египта, то есть из эгоизма, и есть переход к свойствам отдачи, единения и любви. Это не просто изменение местоположения, но глубокое внутреннее преобразование, начало нового этапа в духовном развитии человека.

ВИДЕОРОЛИК НА ЭТУ ТЕМУ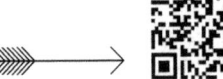

СЕМИНАРЫ

Пять правил круглого стола

Круглый стол должен проводиться по определенным принципам. Он изначально направлен на то, чтобы люди сближались друг с другом, поддерживали один другого, вместе выясняли истину, пытались найти не только общее решение, но и общее мнение, желание, цель, взаимопонимание, общие устремления и дополнения.

Люди должны приложить усилия, чтобы сгладить, а точнее, добавить свою индивидуальность, силу своих желаний в общую копилку. Для того чтобы это произошло, существуют определенные правила беседы в круге. Все они направлены на то, чтобы максимально снизить помехи и трения между участниками, с одной стороны, и усилить вклад каждого участника, с другой стороны.

Равенство

Равенство — не цель. Равенство необходимо, чтобы снизить наше внутреннее сопротивление для прохождения «волны». Поэтому каждый попавший в круг должен забыть о своих «заслугах» — естественных или приобретенных. Нет молодых и умудренных опытом, нет профессоров и школьников, женщин и мужчин, нет президентов и дворников, нет принцев и нищих.

Каждый из нас родился с разными задатками, в разных семьях. Мы получили разное образование, воспитание, по-разному воспринимаем мир, по-разному относимся к нему, каждый из нас по-своему ощущает себя. Но если каждый из нас реализует себя в гармонии с остальными — это называется равенство.

Одна тема

У нас одна общая цель, ради нее мы сели в круг. Для того чтобы ее достичь, нам нужно максимально снизить «естественные помехи». Поэтому мы должны говорить лишь на одну, заданную, общую для всех тему.

Очень важно заданную тему во время обсуждения не менять и не видоизменять.

Мы не сможем постоянно помнить о цели работы и будем постоянно отключаться от нее. Это отключение обязано существовать, но мы не должны с ним смириться...

Нас отключают для того, чтобы мы снова присоединились уже на следующей ступени. А кроме того, человек вообще не может сам удержаться в приподнятом состоянии, а только за счет окружения.

Участие каждого

Если хотя бы один из элементов системы не будет задействован, ожидаемый результат от совместной работы будет минимальный, если будет вообще. Это верно относительно любой системы: биологического тела или электрической схемы. С другой стороны, посильный вклад каждого — залог успеха всех.

Любая электрическая схема функционирует лишь тогда, когда каждый элемент передает свою энергию наружу, после чего получает внутрь новую энергию, снова передает наружу и снова получает. Яркий пример — катушка и конденсатор в колебательном контуре.

Слушать и слышать всех

В природе нет лишнего и ненужного, точно так же должно быть и в «интегральном круге». У каждого должна быть возможность в равной мере сказать и быть выслушанным. Поэтому участники должны говорить один за другим, по очереди. Задача каждого — слиться с желаниями всех, а всех — с желаниями каждого.

Нужно постараться представить, что растворяешься внутри всех остальных. То есть мы все соединяемся в одного — это значит, что не остается никого из нас лично.

Один — это не наша сумма, не «мы», а одно целое, в котором невозможно выделить отдельные части. Получается, что, с одной стороны, я будто бы пропадаю там. Мое «Я» исчезает, но вместо этого я ощущаю всех. Такие два противоположных полюса мне раскрываются.

Споры и критика

В круге нет и не может быть споров, как не может быть критики и выставления оценок. Наша задача — создать «единую волну», а не оценивать друг друга.

Ценность каждого измеряется не его умом и красноречием, а способностью включить себя в общее действие. Поэтому никто не должен выделяться ни в чем. Нет правильных или неправильных ответов. Нет места критике, как нет места и похвалам. Нет места словам: согласен, не согласен, прав, не прав и т. д.

Когда я слушаю, как говорит товарищ во время семинара, то включаюсь в его слова, не подвергая их ни малейшему сомнению и критике. Я воспринимаю их как самое важное мнение и хочу проникнуть в него, соединиться так, чтобы оно стало моим собственным. Я хочу, чтобы его слова задели мое сердце и заиграли в нем, как на струнах.

Еще пять правил круглого стола

Без диалогов

Круг не место для диалогов и пререканий. То и другое нарушает целостность круга. Вопросы, как и ответы, замечания, ремарки и другие вмешательства в ход монологов участников, даже не произнесенные вслух, мешают общей цели. Связь, возникшая между участниками, называется «центр круга». Главное — постоянно находиться в этом центре.

В процессе интегральных обсуждений не имеет значения, насколько вы правы или нет. Для меня это просто средство «выйти из себя» и облачиться в одного, другого, третьего...

Из такого взаимовключения рождаются общее желание и общий разум. После многократного взаимодействия между собой из общего желания и общего разума появляется нечто под названием «центр группы».

Центр группы — это образ интегрального человека, который состоит из единого сердца (желаний) и единого разума (мыслей).

Естественные реакции

Когда мы с кем-то не согласны, нам это не нравится и раздражает. Это естественная реакция, и потому надо относиться к этому с пониманием. Вместе с тем это как раз тот случай, когда мы свое раздражение, а по сути свои, присущие только нам, индивидуальные качества можем и должны использовать для общего дела.

Несмотря ни на что, мы должны продолжать действовать в рамках правил круга. Только общими усилиями мы сможем преодолеть отторжение, несогласие и непонимание.

Ни один из нас не является плохим сам по себе, все зло находится между нами. Зло — это сила нашей взаимной ненависти.

Если мы поднимемся над ним и соединимся, то исправим все это состояние. То есть моя задача — перевести то зло, которое я вижу в себе и в других, в проблему нашей неправильной связи.

Лозунги и цитаты

Каждый должен стремиться к «центру группы». Информация черпается из центра группы, а не из цитат и лозунгов. В общем настрое на единство находятся все ответы.

Мы объединяемся, сливаемся, включаемся друг в друга так, что твои желания и мысли становятся понятными и близкими мне, а мои — тебе. Мы становимся ближе, вплоть до того, что каждый приподнимается над собой, и мы соединяемся в общее мнение, общее знание, общее чувство.

Эта возникающая общность является самым главным в нас, потому что именно она порождает между нами третью составляющую — объединенный образ единого человека, который является подобием природе и находится с ней в абсолютной гармонии.

Таким образом, соединяясь над собой, над своим эгоизмом, каждый из нас становится гармоничным элементом природы.

Коллективное решение

Решения принимаются лишь из точки единства и взаимопонимания. Иногда для этого нужно провести несколько обсуждений или даже целую серию. Важно не количество, а качество. В противоречивых мнениях находится истина. Совершенство природы создается из противоречий.

В результате этого тренинга люди приходят к заключению, что можно жить вместе, не подавляя друг друга, главное — научиться дополнять друг друга.

Таким образом, создается особое интегральное общество, где все взаимосвязаны, относятся к человеческим слабостям с пониманием и, как в семье, друг друга любят, уважают и дополняют.

Получается, что, несмотря на то, что мы созданы совершенно разными, с противоположными качествами, в интегральном объединении мы как некий общественный интеграл поднимаемся на качественно новый уровень.

Гармония

Конкретное решение конкретной проблемы — это не цель. Это следствие единства, достигнутого в круге. Наша цель — выход на новый уровень гармоничных, интегральных взаимоотношений, таких, как царят в природе.

Понятие «связь» — это не провод, не радиоволна и не луч света. Там, внутри, существует целый мир информации и энергии. Это то, что находится между товарищами. Обретя такую связь, человек чувствует, что то, что проходит через него, постепенно расширяется и достигает бесконечной духовной частоты. Такое невозможно даже представить в нашем мире, поскольку открывается совершенно новое, огромное, информационно-чувственное измерение.

ВИДЕОРОЛИК НА ЭТУ ТЕМУ

ЗАКЛЮЧЕНИЕ

Очень много людей пытались, пытаются и будут пытаться понять, какова цель существования, а главное, почему жизнь устроена так несправедливо.

Почему человек — стоящий на вершине природной пирамиды — не способен, как ни старается, насладиться в полной мере результатами действий как самой природы, так и тем, что создал и создает сам тяжелым трудом.

Почему отдельные люди и целые народы, несмотря на то, что хотят жить счастливо и мирно, непрерывно воюют между собой. Как так происходит, что почти каждый революционный технологический скачок одновременно вместе с ощутимой пользой приносит гораздо больший, а часто и необратимый вред как человечеству, так и всей планете.

Наука каббала, и не только она, объясняет, что основная проблема этого парадокса находится не во внешних условиях и обстоятельствах, а заложена исключительно в эгоизме самого человека.

Наука каббала предлагает конкретный метод решения этой «вечной» проблемы, который в корне отличается от всех других подходов. Суть его очень проста и сконцентрирована в одной точке — в исправлении человеческого эгоизма. Это достигается не подавлением, не сокращением и не бегством от него. С помощью каббалы запускается скрытый в самой природе и предназначенный именно для этого особый механизм.

Каббалисты раскрыли методику включения этого механизма около 5 000 лет тому назад. В течение всех этих тысячелетий, методика совершенствовалась для того, чтобы ее можно было применить тогда, когда человечество будет остро нуждаться в ней.

Мы живем в эпоху, когда практически все люди в том или ином виде ощущают, что так, как мы жили до сих пор, жить больше невозможно. Нужно сделать нечто такое, чтобы кардинально изменить нашу жизнь. Этот вывод, мысли об этом затронули сегодня все слои общества.

Пока что подавляющее большинство людей отмахиваются от этих идей, и это можно понять, поскольку никто не верит, что из этого тупика есть выход. О каббале, как об инструменте радикального решения этой всемирной, общечеловеческой проблемы, знает лишь небольшое количество людей. Но рано или поздно об этой, приготовленной специально для наших дней, системе знаний и практической методике реализации узнают все.

В заключение нужно сказать, что каббалисты очень не хотят, чтобы человечество скатилось к третьей и четвертой мировой войне, после которых горстка оставшихся людей примут от безвыходности решение заняться лечением сути проблемы, то есть человеческим эгоизмом. Нет, каббалисты хотят, чтобы люди, не отрываясь от нормальной человеческой жизни, параллельно с этим начали духовный подъем к тем высотам, которые изначально заложены в природе Творцом.

Дополнительная информация

Обучающая платформа Международной академии каббалы

https://kabacademy.com

Миллионы учеников во всем мире изучают науку каббала. Выберите удобный для вас способ обучения на сайте.

Наша онлайн-платформа позволит вам пройти обучение у лучших преподавателей академии, изучая уникальные каббалистические источники, общаться в онлайн-сообществе, получить индивидуальное сопровождение помощника-тьютора

Международная академия каббалы

https://www.kabbalah.info/rus

Сайт Международной академии каббалы — неограниченный источник получения достоверной информации о науке каббала.

Вы получите доступ к уникальному контенту: библиотеке каббалистических первоисточников, к широкому спектру передач и архиву лекций. Сайт дает возможность подключаться к прямой трансляции ежедневных уроков основателя и главы Международной академии каббалы Михаэля Лайтмана для всех, кто занимается углубленным изучением науки каббала и исследованием каббалистических первоисточников.

Интернет-магазин каббалистической книги

https://www.kabbalah.info/rus/magazin-books

    Крупнейший международный интернет-магазин каббалистической литературы. Здесь представлен самый широкий и уникальный ассортимент научной, учебной и художественной литературы по каббале, включая каббалистические первоисточники.

    Возможность заказать книгу из любой точки мира.

ПУТЕВОДИТЕЛЬ ДУХОВНОГО ПРОДВИЖЕНИЯ

М. САНИЛЕВИЧ, М. БРУШТЕЙН
на основе работ д-ра М. Лайтмана

ISBN 978-965-7833-24-7

Технический редактор: Г. Шустерман.
Дизайн верстки: А. Мохин.
Дизайн обложки: А. Мухин.
Корректоры: П. Календарев, Л. Шмуленсон, С. Добродуб.
Подбор видеоматериала: Т. Ермолова.
Компьютерная верстка: К. Рудешко.
Подготовка к печати: Й. Левинский.

© Bnei Baruch-Kabbalah La'am Association, 2024
4934826, HaRabash St 12, Petah Tikva, Israel.
All rights reserved.

www.ingramcontent.com/pod-product-compliance
Lightning Source LLC
LaVergne TN
LVHW010204070526
838199LV00062B/4488